hanser**blau**

TOBIAS WILHELM

# WEISSER ASPHALT

Roman

hanserblau

1. Auflage 2019

ISBN 978-3-446-26421-2

Umschlag: Zero Werbeagentur, München
Motiv: PixxWerk® unter Verwendung von
Motiven von shutterstock.com
Satz im Verlag
Druck und Bindung: CPI books GmbH, Leck
Printed in Germany

MIX
Papier aus verantwortungs-
vollen Quellen
FSC® C083411

*»Der Tormann sah zu, wie der Ball über die Linie rollte …«*

PETER HANDKE

# WEISSER ASPHALT

Um 6:15 klingelte mein Wecker, und ich quälte mich aus dem Bett. Rauchend stand ich am Fenster und sah den frühen Zug vorbeifahren. Noch eine Stunde Zeit. Nach dem Duschen aß ich im Bademantel drei Toastbrote, mein Vater erinnerte mich an den Termin mit dem Bewährungshelfer. Dann zog ich mich an.

Unser Haus stand inzwischen einsam am Ortsrand, dort, wo das Industriegebiet anfing. Der Rest von unserem Block war schon vor ein paar Jahren abgerissen worden, um Platz für die breite Teerstraße und neue Lagerhallen der Fabriken zu schaffen. Doch bis auf die Straße war bisher nichts gebaut worden, stattdessen wucherte das Unkraut auf der Sandwüste, die sich bis zum Bahnhof zog. Außer Lkw-Fahrern, die sich im Stehen neben ihren Lastern die Zähne putzten, traf man hier kaum noch jemanden, doch heute kam mir nach ein paar Metern mein alter Nachbar, aus dem Stockwerk unter uns, mit seinem Dobermann entgegen.

»Morgen!«, murmelte ich.

»Grüß dich!«, erwiderte er heiser.

Obwohl es Hochsommer war, fühlte sich die Morgen-

luft noch kühl an. Ich schloss den Reißverschluss meiner Trainingsjacke.
Rechts von mir ragten die Schornsteine der Chemiefabrik auf, die unten am Rhein stand. Wie zu jeder Uhrzeit quoll aus ihnen auch jetzt dicker weißer Rauch. Die Straße machte an dieser Stelle eine scharfe Biegung, dahinter lag das Dorf. Je näher ich kam, desto besser konnte ich die Aufbauarbeiten für die Kerb beobachten. Breitschultrige Männer in fleckigen Latzhosen schoben Bierbänke und Tische zusammen, der Truck mit dem Autoscooter bahnte sich langsam seinen Weg durch die engen Gassen, der Kerbebaum wurde aufgestellt.
Als ich an der Bahnhofskneipe vorbeilief, schaute ich auf den Boden. Der Blutfleck war kaum zu sehen, nur noch eine dunkle Färbung auf dem etwas helleren Asphalt.
Gegenüber von meinem Gleis, dort, wo die Züge in Richtung Mainz fuhren, saß wie immer um diese Zeit Dana, die Augen geschlossen, fette Kopfhörer auf den Ohren. Um ihre Hand trug sie noch den dicken weißen Verband. Mein Zug fuhr mit einem leisen Surren ein.
Hussein, der nach seiner Mischung aus Schweiß und kaltem Rauch roch, hatte mir einen Platz frei gehalten, kurz öffnete er die Augen, als ich seinen Rucksack zur Seite stellte, pennte aber sofort weiter. Nachdem wir den Ort hinter uns gelassen hatten, zog der Campingplatz vorbei, anschließend nur noch Wald und Felder, ein paar Käffer, dann die nächste Stadt, in der meine Schule lag.

Von Stunde zu Stunde breitete sich die Müdigkeit immer schwerer in mir aus, es gelang mir kaum, meine Augen offen zu halten. Als endlich die Glocke zur großen Pause schrillte, atmete ich erleichtert auf, streckte mich gähnend.

Ich stand mit Hussein am Rande des Sportplatzes, in der Pause jagten hier immer dieselben Jungs dem Ball hinterher, und baute den ersten Joint des Tages. Gebannt sah Hussein mir dabei zu, wie ich den Klebestreifen des Papes anleckte, vorsichtig feststrich, lächelte, als ich den brennenden Joint nach ein paar Zügen an ihn weitergab.

Viele unserer Lehrer hatten Angst vor Hussein, da er über die meisten Dinge mehr wusste als sie und sie oft auflaufen ließ oder vorführte. Wenn er während dieser Auseinandersetzungen in Rage geriet, spuckte er beim Reden und fuchtelte wild mit den Händen herum. Mit den anderen aus unserer Klasse, unserem ganzen Jahrgang hatte ich wenig zu tun. Sie interessierten mich nicht.

Die restlichen Schulstunden vergingen ebenso langsam wie die ersten. Hussein begann eine Seite seines Blocks in winzige Fetzen zu zerreißen, und als es endlich zum Schulschluss klingelte, warf er das Konfetti mit Schwung in die Luft und schrie: »Wochenende!«

Dann gingen wir zum Bus.

Sobald der Zug abbremste und langsam in mein Dorf einfuhr, sah ich den Autoscooter bereits bunt blinken, die meisten anderen Stände waren auch schon aufgebaut. Ich gab Hussein zum Abschied die Hand und stieg aus. Ein paar Fabrikarbeiter standen am Gleis gegenüber, rauchten, tranken Feierabendbier. In der Unterführung roch es schon wieder nach Pisse, und ich hielt die Luft an, bis ich auf der anderen Seite angelangt war. Fabios Fiat stand auf dem Bahnhofsparkplatz, von ihm selber war jedoch nichts zu sehen. Ich bog nach rechts ab, ging an der mit Holzbrettern vernagelten Wartehalle vorbei. Ein paar Meter weiter lehnte der Wirt an dem rauen Putz der Bahnhofskneipe und rauchte. Ich nickte ihm zu und war schon fast an ihm vorbeigegangen, doch er winkte mich zu sich heran.

»Die Russen waren gestern da, haben nach euch gefragt!« Er zog gierig an seiner Kippe.

»Wie viele?«

»So fünf, sechs. Vielleicht waren draußen noch mehr. Da standen 'ne Menge Autos rum.«

Ich nickte.

»Bin immer noch sauer übrigens. Der ganze Boden voll. Das war 'ne Sauerei!«

»Wenn die anfangen …« Ich zuckte mit den Schultern und ging einfach weiter.

Zu Hause erwartete mich bereits mein Vater mit Hemd und frisch gebügelter Hose, was nur zu besonderen Anlässen vorkam. Dann gingen wir zum Jugendclub, dort fand einmal im Monat das Treffen mit dem Bewährungshelfer statt. Der Club blieb während der Kerb eigentlich geschlossen, doch der Bewährungshelfer hatte einen eigenen Schlüssel und ließ uns hinein. Während er sich nach meinem Befinden erkundigte, schaute er über den Rand seiner Lesebrille hinweg und lächelte. In seinem Mundwinkel klebte ein Krümel, und ich überlegte kurz, ob ich es ihm sagen sollte, ließ es jedoch bleiben. Als der Small Talk abgehakt war, zog er einen Packen mit Unterlagen hervor und überflog sie kurz. Es waren die Ergebnisse meiner Pisstests der letzten Wochen, außerdem ein Schreiben der Schule.

»Ja, das ist ja alles erfreulich«, sagte er und meinte damit, dass in meiner Pisse keine Drogen gefunden worden waren und die Schule mir bescheinigte, dass ich nicht unentschuldigt gefehlt hatte.

Er fragte noch dies und das, erkundigte sich bei meinem Vater nach meinem Verhalten zu Hause. Der Krümel wippte, immer wenn er sprach, rhythmisch auf und ab. Als die Zeit um war, schob er uns zur Tür hinaus. Draußen wartete bereits Sascha auf seinen Termin, und wir klatschten uns ab.

Mein Vater beklagte sich nach ein paar Schritten über sein schmerzendes Bein. Deshalb lief ich alleine zu Plus, um Essen für das Wochenende zu kaufen. Als ich vor dem Kühlregal die verschiedenen Buttersorten begutachtete, haute mir jemand auf die Schulter. Hinter mir stand Ariano und grinste. Ich erzählte ihm, dass die Russen uns suchen würden, doch er zuckte nur mit den Schultern, zog sein T-Shirt hoch und grinste noch breiter – in seinem Hosenbund steckte eine Schreckschusspistole.
Nach dem Einkaufen setzten wir uns draußen auf die Laderampe, ich begann einen zu bauen. Ariano steckte mir einen Stöpsel seines Discmans ins Ohr, zeigte mir einen neuen Techno-Song, den er am Computer im Jugendclub produziert hatte.
»Is' gut. Voll gut!«
Er freute sich über das Lob und öffnete eine Packung Honeypops, die wir trocken aßen. Ariano liebte Honeypops. Er hatte nie verstehen können, dass ich die mit Schokolade lieber mochte. Nachdem der Joint aufgeraucht war, verabschiedeten wir uns, und ich ging die Gleise entlang in Richtung Zuhause.
Knapp hinter dem Ortsschild hörte ich das Klackern von Rollschuhen. Dana überholte mich, bremste scharf ab, drehte sich um hundertachtzig Grad, rollte dann langsam auf mich zu. Sie trug ein enges Sportoberteil, das ihre großen Brüste noch größer wirken ließ. Ich musste mich zwingen, ihr beim Sprechen regelmäßig ins Gesicht zu sehen.

Im letzten Sommer, da war sie noch mit Fabio zusammen gewesen, waren wir zu dritt ins Schwimmbad gegangen. Die meiste Zeit hatten wir kiffend auf einer Decke unter einem Baum verbracht, ich war völlig breit eingeschlafen.
Als ich aufwachte, waren die beiden nicht mehr zu sehen gewesen. Nach einer Weile war ich aufgestanden, um sie zu suchen. Bei den Umkleidekabinen hatte ich merkwürdige Geräusche gehört und mich genähert. Vor der Kabine, aus der sie zu kommen schienen, war ich in die Hocke gegangen und hatte durch den Spalt zwischen Kabinenwand und Fußboden geschaut. Ich sah Dana auf dem Boden knien, Fabio stand vor ihr. Ihr Oberkörper bewegte sich rhythmisch zu einem schmatzenden Geräusch vor und zurück. Seitdem hatte ich mir oft einen auf sie runtergeholt. Auch schon davor, um ehrlich zu sein.

»Hast du Gras?«, fragte sie mich.
Unschlüssig wiegte ich den Kopf hin und her. »Nur bisschen was.«
Sie legte den Kopf schief, lächelte mich an. »Krieg ich was ab?«
Vor dem Treppenhaus zog sie ihre Rollschuhe aus, tapste auf Socken hinter mir her in den zweiten Stock. Ich schloss die Wohnungstür leise auf, und wir drückten uns schnell in mein Zimmer. Die kurzen Shorts, die Dana trug, rutschten noch höher, als sie sich auf mein

Bett setzte, und ich spürte, dass ich langsam einen Steifen bekam.
Dana war vor zwei, drei Jahren zusammen mit ihren Eltern und der kleinen Schwester Julia in den Ort gezogen. Das erste Mal hatte ich sie zusammen mit Fabio bei Plus gesehen. Fabio hatte sie sofort angemacht. Bei den nächsten Treffen hatte ich immer den Eindruck gehabt, dass sie eigentlich auf mich und nicht auf Fabio stand, doch schließlich hatte ich die beiden im Gewerbegebiet in seinem Fiat knutschen sehen. Anscheinend war ich, wie fast immer in solchen Dingen, zu langsam gewesen.
Ein paar Monate nach ihrer Trennung von Fabio hatte sie begonnen, auf ihren Skate-Runden an meinem Haus vorbeizufahren. Meistens um die Zeit, wenn ich aus der Schule kam, oft redeten wir dann miteinander, lächelten uns an. Den Jungs – und vor allem Fabio – hatte ich bisher nichts davon erzählt.
Nachdem ich ihr etwas Gras abgepackt hatte, rollte ich uns einen, und wir rauchten zusammen am offenen Fenster. Dana stand so dicht neben mir, unsere Arme und Schultern berührten sich.
»Tut's noch weh?« Ich deutete auf den weißen Verband.
»Nur, wenn ich drankomme.«
»Guter Haken.«
Dana lächelte.
»Willst du einen Shot?«
Sie musste grinsen, nickte aber. Als ich mit meinem

Mund ganz nah an ihrem Gesicht war und den Rauch durch den Filter in ihren Mund blies, hielt sie die Augen geschlossen, inhalierte tief und atmete wieder aus. Ich legte die Tüte auf die Fensterbrüstung und küsste Dana, sie schob ihre Hände in meinen Nacken, öffnete leicht die Lippen. Als ich Dana in Richtung Bett schieben wollte, löste sie sich aus meiner Umarmung und meinte, dass sie gehen müsste. Abends hätte sie Schicht im Sonnenstudio, aber ich könnte vorbeikommen, falls ich Lust hätte.
Am Fenster beobachtete ich, wie sie auf der Straße ihre Rollschuhe wieder anschnallte, kurz zu mir hochschaute, lächelte, dann in Richtung Industriegebiet skatete. Nachdem ich die Tüte fertig geraucht, mir einen gewichst hatte, räumte ich die Einkäufe in den Kühlschrank und das Küchenregal.
»Hab dich gar nicht reinkommen gehört«, sagte mein Vater, der im Wohnzimmer vorm Fernseher saß.

Als es Abend wurde, duschte ich, zog mein bestes Hemd an, die neuen Nikes, steckte die Hose in die Socken und kämmte mir die Haare mit Schaum nach hinten. Vorsichtshalber steckte ich noch mein Messer in die Hosentasche, bevor ich die Wohnung verließ.
Auf dem Weg sah ich im Pulk lauter Bekannte und Unbekannte in Richtung Kerb laufen, die meisten von ihnen hatten schon zu Hause mit dem Saufen angefangen, torkelten leicht. Ein paar von den jüngeren Kana-

ken kamen vorbei und nickten mir schüchtern zu, ich zwinkerte zurück.
Das Sonnenstudio lag in einem Hinterhof, den man über einen schmalen Durchgang, zwischen zwei Häusern an der Hauptstraße, erreichte. Still war es dort. Das Wummern der Musik, die lauten Stimmen von der Kerb schienen plötzlich weit weg zu sein. Durch die Glasfront des Ladengeschäfts sah ich, dass Dana nicht hinterm Tresen stand, auch keine Kunden auf den roten Stoffsofas warteten.
Beim Eintreten schrillte die Türklingel über mir, und ich hörte hinten bei den Solarien einen Staubsauger ausgehen, dann Danas Schritte näher kommen.
»Nix los, oder?«
Sie nickte, streifte lächelnd die gelben Putzhandschuhe ab, stand einen Moment unschlüssig vor mir, bevor sie sich auf die Zehenspitzen stellte und mich auf den Mund küsste.
»Hab gleich gesagt, dass er heute zulassen kann.«
Wieder küsste sie mich, diesmal länger, schob ihre Zunge erst vorsichtig, dann immer drängender in meinen Mund.
»Warte«, flüsterte sie, zog mich in eine kleine Abstellkammer.
Während meine Hände über ihren Rücken strichen, sich langsam zu ihrem Arsch vortasteten, wurde mein Schwanz hart, und ich hoffte, dass sie ihn durch den dünnen Stoff meiner Hose nicht an ihrem Oberschen-

kel spürte. Draußen ertönte die Türklingel, man hörte die Stimmen zweier Frauen.
»Scheiße!« Mit einer schnellen Handbewegung machte Dana sich einen neuen Zopf, zupfte ihr Oberteil zurecht. »Später auf der Kerb?«
»Klar.«
»Kannst du hinten raus?«
»Kein Ding.«

An der nächsten Kreuzung ragten wie jedes Jahr die beiden braunen Papptürme in die Luft, die den Eingang zur Kerb markierten. Ständig wurde ich angerempelt, trat auf irgendwelche Füße, während ich mich durchs Gewühl in der engen Gasse drückte. Nach wenigen Metern sah ich Ariano in seiner rosa Trainingsjacke und Fabio, wie meistens im ölfleckigen Shirt, an einer Wand lehnen. Ariano hatte eine Wodkaflasche in der Hand und prostete mir zu, als er mich entdeckte. Ich stellte mich zu ihnen, nahm einen Schluck.
»Jedes Jahr dieselbe Scheiße!«, murmelte Fabio, während er einen weiteren Rotzfaden in den See zwischen seinen Füßen fallen ließ.
Ariano nickte.

Schließlich schlängelten wir uns zur alten Kirche durch, in deren Hof Bierbänke standen und Pizza gebacken wurde. An einem der Pizzaöfen stand ein Bekannter von uns und brachte uns ein paar Stücke an den Tisch.

»Hast du was mit?«, fragte er.
Ich schüttelte den Kopf. »Nee. Morgen wieder.«
Obwohl es schon fast Nacht war, klebte die Hitze des Tages noch an mir, ich wischte mir mit dem Handrücken dicke Schweißperlen von der Stirn. Am Stand des Kerbejahrgangs standen die Deutschen und tranken Bier. Einer von ihnen winkte uns zu, und als wir seinen Gruß erwiderten, brachte er uns drei Schnäpse. Wir hatten früher oft Stress mit ihnen gehabt, weil einige von ihnen Nazis gewesen waren, doch vor ein paar Jahren hatten sie mit dem Scheiß aufgehört, und wir respektierten uns.
Die Menschenmenge auf dem Parkplatz vor der Kirche wurde von ein paar Ordnern in Warnwesten auseinandergeschoben, zwei Männer mit einer langen Leiter folgten ihnen. Sie stellten sie vor dem Kerbebaum auf, dann trat der Bürgermeister hinzu. Er hatte sich einen Blumenkranz mit bunten Bändern um den Hals gehängt und kletterte die Leiter hinauf. Oben hängte er den Kranz um den Stamm, und die Menge unter ihm klatschte. Es war ein Ritual, das ich nie verstanden hatte.

Ein Mann mit hochrotem Kopf stand in der Bahnunterführung, durch die wir von der Fress- und Saufmeile zu dem Teil der Kerb mit den Fahrgeschäften gingen, schiffte an die Wand. Über den ganzen Boden zogen sich die Rinnsale vorheriger Pisser. Man musste tierisch aufpassen, um nicht irgendwo reinzutreten.

»Ekelhaft!« Ariano holte zu einem Sidekick gegen den Typen aus, doch ich zog ihn schnell weiter.
»Alter, lass den Scheiß!«
Am Autoscooter hockten die Jüngeren betont lässig auf den Metallstangen der Eingrenzung. Nebenan war ein Stand mit Münzschiebern und einem Glücksrad aufgebaut, an dem auch ein Junge aus meinem Haus stand und sein Taschengeld verzockte. Im Gewühl der Kinder und Jugendlichen drehte der Dorfpolizist seine Runden, kassierte Zigaretten von Zwölfjährigen ein, nahm Vierzehnjährigen Schnapsflaschen weg und warf uns Blicke zu, die Furcht einflößend wirken sollten.
Unsere Wodkaflasche war inzwischen fast leer. Deshalb machten wir uns wieder zur Fress- und Saufmeile auf, als uns Sascha entgegenkam. Er hielt sein Handy ans Ohr gepresst, schrie immer wieder hinein.
»Diese Hurensohn-Russen wollen sich boxen!«, sagte er zu uns, nachdem er mit einem »Dann fick ich euch!« aufgelegt hatte.
Ariano atmete pfeifend durch die Zähne aus. »Diese Fotze, Mann! Jetzt müssen wir wieder die Scheiße regeln, für diese kleine Fotze!«
Mit Fotze war Dana gemeint.

Zwei Tage zuvor hatten Sascha, Ariano und ich abends in der Bahnhofskneipe ein paar Euros in die Spielautomaten geworfen. Dana war auch dort gewesen und hatte mit ihrer kleinen Schwester Billard gespielt. Ein paar

Russen aus der Vorstadt hatten an der Theke gesessen und gesoffen. Einer von ihnen hatte die ganze Zeit Dana angestarrt.
Als sie an ihm vorbeigegangen war, um draußen eine zu rauchen, hatte er ihr an den Arsch gegriffen, woraufhin Dana sich umgedreht und ihm mit zwei Schlägen die Nase eingehauen hatte. Der Russe hatte dem Blut, das auf den Boden tropfte, nachgeschaut und gar nicht fassen können, dass es seins war.
Seine Kumpels waren aufgesprungen und wir auch, doch der Wirt hatte schnell seinen Baseballschläger unter dem Tresen hervorgezogen, auch mit den Bullen gedroht, weshalb die Sache dann draußen weitergegangen war. Ein paar Schläge und Tritte hatten die Russen noch eingesteckt, waren dann abgehauen, da sie viel zu besoffen waren, um sich ernsthaft zu wehren.

»Lasst mehr Suff holen«, meinte Fabio, nachdem wir ein paar Minuten schweigend herumgestanden hatten. »Hab noch 'n paar Flaschen bei mir.«
Durch die Seitenstraßen zogen wir zu ihm nach Hause, blieben vor seiner Garage stehen. Fabio ließ das Eisentor nach oben gleiten, knipste das Licht an. Mein Blick fiel sofort auf seine Werkbank, auf der immer noch die zwanzig, fünfundzwanzig Fiat-Logos lagen, die er aus den Lenkrädern der Puntos, die er klaute, herausschnitt.
»Du musst die endlich wegschmeißen, Mann, sonst fi-

cken dich die Bullen noch deswegen!«, sagte ich zum hundertsten Mal.

Fabio nickte nur abwesend, während er ein zugemülltes Regal an der hinteren Garagenwand nach vollen Flaschen absuchte. Sein Handy, das er auf der Werkbank abgelegt hatte, begann zu klingeln. Ich konnte gerade noch auf dem Display »Julia« lesen, bevor er es nahm und in den Hof zwischen Haus und Garage ging. Ich sagte Ariano und Sascha, wer gerade angerufen hatte, und wir mussten das erste Mal seit dem Telefonat mit den Russen lachen.

»Bumst der jetzt echt ihre kleine Schwester?«, fragte Sascha.

Dana hatte Fabio empfohlen, als sie damals mit ihm Schluss machte, sich eine Vierzehnjährige zu suchen, die seine grenzenlose Dummheit vielleicht noch nicht bemerken würde. Julia war vierzehn.

»Was ein Pädo!« Ariano schraubte eine Flasche Jägermeister auf.

Fabio kam zurück, griff sich den Schnaps, und nahm einen langen Schluck. »Is' was?«, fragte er, nachdem er unsere grinsenden Fressen bemerkt hatte.

»Nix is'!«, antworteten wir im Chor.

Dana lehnte zusammen mit ein paar Freundinnen am Stand der Kerbejugend und kippte gerade einen Schnaps runter. Unter den neugierigen Blicken der anderen umarmten wir uns kumpelhaft, redeten über dies und das.

Fabio war in seiner Garage geblieben, wo er inzwischen wahrscheinlich mit Danas Schwester fickte. Ariano und Sascha hatte ich bei den Weinständen verloren.
»Lass abhauen!«, flüsterte Dana mir ins Ohr, legte, als wir außer Sichtweite waren, ihren Arm um meine Hüfte.
Unter der Bahnhofsbrücke blieben wir stehen, kletterten die Betonschräge, zu dem schmalen Vorsprung direkt unter der Fahrbahn, hoch. Nach Schnaps schmeckte sie, als ich sie küsste, und kicherte leise, als ich meine Hand unter ihren BH schob.

Der nächste Morgen begann mit Kopfschmerzen. Ich blieb lange im Bett liegen, rauchte ein paar Joints. Als mein Bauch zu knurren begann, ging ich zur Kerb, die an Samstagen schon vormittags offen war, holte mir eine Rindswurst mit Pommes, eine Cola. Von meinen Freunden war noch keiner zu sehen, also saß ich den Nachmittag über mit den kleinen Kanaken am Autoscooter, hörte ihren schlechten Witzen zu und versuchte, nicht an das zu denken, was später passieren würde.

Es begann gerade dunkel zu werden, als wir uns bei unserer alten Grundschule auf dem Pausenhof trafen. Er lag auf einem Hügel oberhalb des Dorfes, von dort aus konnte man die bunten Lichter unten in den Straßen sehen, die Rufe der Betrunkenen hören, die von hier oben aussahen wie verwirrt herumirrende Ameisen.

Neben dem Lehrerparkplatz oberhalb der Schule lagen die Kirche und das Gemeindehaus, dahinter schloss sich eine Neubausiedlung an.
Nach Ariano und Sascha kam Fabio. Dann Marc. Er war Hooligan, fuhr an den Wochenenden zu verabredeten Schlägereien in irgendwelchen Wäldern, zeigte uns manchmal VHS-Videos davon. Kurze Zeit später kamen Uğur und seine Cousins. Sie hatten Baseballkeulen dabei, und Uğur verteilte ein paar Dosen Pfefferspray, während er ständig seine Nase hochzog und sich nervös umschaute. Wahrscheinlich war er, wie fast immer, auf Koks oder Speed. Als Letztes kam Tim mit ein paar anderen Deutschen. Ihm hatte ich am Vortag auf der Kerb von der Sache mit den Russen erzählt.
Auf den Bänken, einige Meter von uns entfernt, saßen noch ein paar der Jüngeren, auf die wir uns jedoch nicht verlassen konnten. Manche waren dreizehn, vierzehn Jahre alt, reichten uns nicht mal bis zur Brust. Wir gaben ihnen ein paar Baseballschläger, doch damit sahen sie nur noch bescheuerter aus, also nahmen wir sie ihnen wieder weg und drückten ihnen das Pfefferspray in die Hand.
Übelkeit stieg in mir hoch, meine Arme begannen leicht zu zittern. Nach einer halben Stunde klingelte Saschas Handy. Er sagte den Russen, dass sie zur Schule kommen sollten. Wenige Minuten später hörten wir Rufe, Lachen, dann sahen wir den Pulk die dunkle Auffahrt heraufkommen. Mein Herz begann zu rasen, ver-

drängte die Übelkeit und das Zittern. Schnell zählte ich unsere Jungs durch: Wir waren fünfzehn. Die anderen schienen mindestens dreißig zu sein. Als sie bis auf zwanzig, dreißig Meter herangekommen waren, griff Marc sich einen Baseballschläger, rannte brüllend auf sie zu. Die Russen blieben verdutzt stehen. Marc holte aus, schlug dem ersten in seiner Reichweite die Keule gegen den Kopf.

Bald war alles unübersichtlich geworden. Ich stand, lag, schlug zu, wurde geschlagen, stand wieder, lag. Adrenalin schoss durch meinen Körper, ich spürte keinen Schmerz. Als ich gerade mit einem Typen beschäftigt war, ihm dreimal nacheinander die Faust in den Mund rammte, sah ich, dass sich Blaulicht in seiner blutenden Fresse brach. Ich versetzte ihm einen abschließenden Frontkick, sprang auf und suchte nach meinen Jungs.

In dem Chaos konnte ich nur Sascha entdecken und schleppte mich mit ihm zusammen über den Hof und die Treppe zum Lehrerparkplatz hoch. Wir kauerten uns hinter das Auto des Hausmeisters. Saschas Lippe war vollkommen zerfetzt, dicke Blutstropfen quollen hervor, bildeten schnell eine kleine Pfütze auf dem Asphalt.

»Wo sind Ariano, Fabio?«, fragte ich.

Sascha zuckte mit den Schultern. Er versuchte beide anzurufen, doch ihre Handys waren ausgeschaltet.

Die Sirenen kamen immer näher, wurden immer lauter. Von unten auf dem Schulhof drangen »Polizei«-Rufe herauf, dann folgten die tiefen Sirenen von Krankenwägen. Schließlich hörten wir unregelmäßige Schritte, gefolgt von einem Schleifen, immer näher kommen. Ich wagte mich aus unserer Deckung hervor, robbte leise zum vorderen Radkasten des Autos und scannte den Parkplatz ab.

Bei der Treppe erkannte ich schemenhaft eine gebückt laufende Gestalt, die einen leblosen Körper hinter sich herschleifte. Im Licht der einzigen Laterne erkannte ich Marcs bullige Gestalt, seine Glatze. Ich rüttelte Sascha am Arm, deutete auf Marc, und wir rannten schnell zu ihm. Das Gesicht der Person, die er unter den Armen gepackt hatte, war völlig zerschmettert, im Dunkel sah ich nur noch Blut und Fleisch.

»Alter, wer ist das?«, fragte ich.

Marc gab keine Antwort.

Sascha und ich hoben die Beine des Typen mit an, schleppten ihn mit Marc vor das Auto des Hausmeisters. Erst jetzt entdeckte ich die weißen Schuhe, die rosa Kappa-Trainingsjacke. Es war Ariano.

Marc schlug die Scheibe des Autos ein, sofort schrillte die Alarmanlage, und der Warnblinker ging los. Wir rannten ein paar Meter weiter, sprangen über einen niedrigen Metallzaun, der den Gemüsegarten der angrenzenden Kirche umgab. Zwischen den Tomatensträuchern pressten wir uns flach auf den Boden und starrten zu unserem Freund, der immer noch reglos dalag. Drei Polizisten in Kampfmontur kamen über den Parkplatz gerannt, begutachteten das blinkende Auto.

»Da liegt jemand!«, schrie endlich einer von ihnen, dann beugten sie sich über Ariano. Als wir die Sanitäter näher kommen sahen, schlichen wir leise davon.
Die Straßen in diesem Ortsteil waren wie ein Schachbrett angelegt, es gab keine Abkürzungen, keine Schleichwege, und wir kannten hier niemanden, bei dem wir uns verstecken konnten. Ständig spiegelte sich irgendwo Blaulicht, und wir drückten uns in Einfahrten und hinter parkende Autos, wenn wieder ein Streifenwagen die Straße entlangkroch.
Langsam kamen die Schmerzen. Ich spürte, wie mein Gesicht anschwoll, hinter meiner Stirn begann es zu pochen. Aus Saschas Lippe tropfte noch immer dunkles Blut, Marc hinkte. Ständig kamen uns Betrunkene entgegen, schielten kurz rüber, torkelten schnell weiter.
Ein silberner Mercedes näherte sich im Schritttempo, und wir gingen in einer Einfahrt in Deckung. Auf unserer Höhe angelangt erkannte ich, dass Fahrer und Beifahrer sich suchend umschauten, einer von ihnen hatte ein Funkgerät in der Hand.
»Die scheiß Krips, Mann!«, nuschelte Sascha und spuckte leise Blut aus.
Als der Wagen an der nächsten Straßenecke nach rechts bog, hörten wir ein uns bekanntes Dröhnen näher kommen. Fabios Fiat Punto kam die Straße hochgerast, und ich sprang aus unserer Deckung heraus, winkte ihm zu.

Sascha wimmerte leise, während mein Vater die Wunde gründlich desinfizierte. »Halt still!«, zischte er. »Heul nicht rum!«, wob dann den schwarzen Faden, Nadelstich um Nadelstich, in Saschas zitternde Lippe.
Später saßen wir zu zweit in meinem Zimmer am Fenster, rauchten eine Tüte und redeten kaum. Ich nahm mein Handy, das ich nachmittags auf dem Schreibtisch abgelegt hatte, schaltete es ein. Es piepte dreimal, Dana hatte versucht mich anzurufen.

Der Flur roch nach Desinfektionsmittel und Scheiße. Früher, als ich ein kleiner Junge war, hatte mein Vater in diesem Krankenhaus gearbeitet. Oft hatte ich ihn zusammen mit meiner Mutter nach seiner Schicht abgeholt. Die Dinge, die ich dort sah, hatten mich manchmal bis in meine Träume verfolgt. Männer jagten mich in quietschenden Rollstühlen, während ihre Beinstümpfe unruhig zitterten. Frauen sickerte rotschwarzes Blut aus der Hose, dabei gruben sie ihre spitzen Fingernägel in meinen Hals und schrien ohrenbetäubend.

Arianos Mutter saß an seinem Bett, hielt seine Hand fest umklammert. Seit zwei Tagen war er nicht aufgewacht. Eine Maschine piepte regelmäßig.

»Er atmet.« Tränen liefen über ihre Wangen. »Was macht ihr immer für eine Scheiße?«

Sie sah mich fest an, doch ich wich ihrem Blick aus, schaute aus dem Fenster. Sie schnäuzte sich in ein Taschentuch.

»Warst du dabei?«

Wieder reagierte ich nicht.

Die Tür wurde geöffnet, ein Pfleger kam herein. Er bat

uns, kurz draußen zu warten, und ich ging zu dem kleinen Laden in der Eingangshalle, um Wasser und ein paar Müsliriegel zu kaufen, dann rauchte ich im Krankenhausgarten eine Zigarette.
Als ich wieder ins Zimmer kam, war Arianos Mutter nicht mehr da. Zum ersten Mal traute ich mich, ihn richtig anzuschauen. Sein Gesicht war eine einzige Schwellung in Blau, Grün und Rot. Dazwischen Kratzer, Schürfwunden, schwarze Flecken getrockneten Bluts. Ob Arianos Augen offen oder zu waren, konnte ich nicht mit Sicherheit sagen, sie lagen zu tief hinter all dem geschwollenen Fleisch.

Nachdem ich am Bahnhof aus dem Bus gestiegen war, um nach Hause zu laufen, hielt neben mir ein Kombi. Vier Kripos sprangen heraus, drückten mich auf die Motorhaube. Als sie meine Taschen durchsucht hatten, ohne etwas zu finden, entspannten sie sich etwas und ließen mich los.
»Wo warst du gestern?«, fragte mich der Kleinste von ihnen.
»Zu Hause, hab gepennt.«
»Den ganzen Tag?«
»Logisch. Wochenende halt.«
»Da macht ihr Kanaken nix anderes, was?« Er fischte das Handy aus meiner Hosentasche, drückte darauf herum, doch ich löschte jede SMS immer sofort, nachdem ich sie gelesen hatte.

»Wie laufen die Geschäfte?« Beiläufig gab er mir das Telefon zurück, starrte mir dabei ausdruckslos in die Augen.

»Ich geh zur Schule, Mann.«

»Ich geh zur Schule, Mann«, äffte er mich nach, stieg endlich zu den anderen ins Auto. Noch kurz spürte ich seinen Blick im Rücken, während ich mit weichen Knien weiterging, dann heulte der Motor auf, und der Kombi entfernte sich in die entgegengesetzte Richtung. Der Wirt der Bahnhofskneipe, der uns aus sicherer Entfernung beobachtet hatte, winkte mich zu sich. Er erzählte mir, dass eine halbe Stunde zuvor eine ganze Busladung Russen von der Kripo am Bahnhof abgefangen und zurück in die Vorstadt gebracht worden sei. Es wimmle nur so von Bullen und Russen, ich solle aufpassen.

Auf dem Parkplatz neben den Gleisen bemerkte ich Fabio in seinem Punto. Er erzählte mir, dass drei von den Russen auch im Krankenhaus liegen würden, einer von ihnen mit einem Schlauch im Mund. Es ging das Gerücht herum, dass der Vater dieses Russen mit einer Knarre herumlaufen und uns suchen würde. Währenddessen schaute Fabio mehrmals die Straße hoch und runter.

»Hast du Paranoia? Die kommen nicht noch mal jetzt!«

»Nee. Warte auf Julia«, nuschelte er kaum hörbar.

Ich musste grinsen.

»Alter Kinderficker!«

»Ja, schön eng.« Auf seinem Gesicht breitete sich ebenfalls ein Grinsen aus.

Zu Hause stand mein Vater rauchend auf dem Balkon. Auf meine Begrüßung reagierte er nicht, und auch den Rest des Tages sprach er kein Wort mit mir.
Am nächsten Morgen hörte ich ihn am Telefon mit seinem Bruder in Bosnien sprechen, seinen Besuch ankündigen. Am Tag darauf war er morgens weg, auf dem Küchentisch lag kein Zettel, keine Notiz. In der Schublade mit dem Haushaltsgeld steckten noch ein paar Hundert Euro.

Dana lag nackt auf dem Bett und hatte die Augen geschlossen, auf ihrem Gesicht glänzte der Schweiß. Wir trafen uns inzwischen drei-, viermal die Woche, rauchten eine Tüte und fickten dann meistens. Manchmal schauten wir auch nur einen Film oder saßen im Auto ihrer Eltern auf dem McDonald's-Parkplatz. Manchmal beobachtete ich sie, wie jetzt, während sie schlief.
Die anderen hatten es stillschweigend zur Kenntnis genommen, dass ich etwas mit ihr hatte. Fabio hatte mir kurz auf die Schulter geklopft und sich wehmütig daran erinnert, wie gut sie ihm immer einen geblasen hatte. Sonst hatte keiner einen Witz gemacht, nicht mal irgendwelche Bemerkungen, womit ich fest gerechnet hatte.

»Wie spät ist es?« Langsam öffnete Dana die Augen, streckte sich.
»Viertel nach vier.«
»Fuck! Muss arbeiten.«
Schnell stand sie auf und ging ins Bad, drückte mir fünf Minuten später einen Abschiedskuss auf die Wange. Am Fenster zündete ich mir eine Zigarette an, sah sie mit langen Schritten in Richtung Dorf eilen.

Mein Nachbar hielt unten im Hof ein paar Hühner, die gackernd zur Seite flatterten, als Saschas Mercedes neben ihnen zum Stehen kam. Er stieg aus und schaute zu meinem Fenster hoch. Ich öffnete es und reckte fünf Finger in die Luft. Nachdem ich mich schnell angezogen hatte, ging ich in den Keller, zog die Kiste mit meinem alten Playmobil vom Regal. Ich wühlte unter der obersten Schicht Plastikfiguren und zog den Beutel mit den Gras-Päckchen heraus, stieg dann zu Sascha ins Auto.
Obwohl wir schon lange keine Bullen mehr gesehen hatten, gaben wir Hassan, einem der kleinen Kanaken, ein bisschen Weed, damit er sich an die Einfahrt zum Lehrerparkplatz der Grundschule stellte und nach ihnen Ausschau hielt.
Fast alle unserer Kunden hatten irgendwie von der Schlägerei gehört, wollten wissen, wie sie ausgegangen war, was mit Ariano los sei, erzählten uns die neusten Gerüchte. Wir antworteten einsilbig, wichen den Fra-

gen aus, während wir Geld kassierten und die Packs verteilten. Als alle weg waren, setzte sich Hassan hinten auf die Rückbank. Gemeinsam rauchten wir unsere Feierabendtüte, als Fabios Punto auf den Parkplatz einbog. »Hab Arianos Mutter eben bei Plus gesehen. Der ist wieder wach und kommt bald raus.«

Wir alle kannten Ariano gut genug, um zu wissen, dass er nach seiner Entlassung aus dem Krankenhaus als Erstes in das Russenviertel fahren und die Sache klären würde. Nachdem wir aufgeraucht hatten, fuhren wir deshalb zu Marc.

Wenn man zu ihm wollte, musste man erst durch das Wohnzimmer seiner Großmutter, dann eine steile Treppe hinauf. Das Zimmer teilte er sich mit seinem kleinen Bruder, dessen Spielzeug überall verstreut lag. Während wir Marc begrüßten, saß der kleine, blasse Junge in seinem Käfigbett und leckte an einem braunen Lutscher.

Marc lotste uns in das Badezimmer nebenan, verriegelte die Tür von innen, dann öffnete er eine Schublade, wühlte in ihr herum.

Die Pistole war klein und kurz. Erst als ich sie in der Hand hielt, das kalte Metall und ihr Gewicht spürte, erinnerte ich mich daran, dass ich mit ihr schon einmal unten am Rhein auf einen Baum geschossen hatte.

Marc wühlte in einem anderen Schrank, legte dann eine Plastiktüte mit Patronen auf die Waschmaschine.

»Hab ich nix mit zu tun, ja?« Er sah uns an und wischte mit feuchtem Klopapier seine Fingerabdrücke von der Pistole und den Patronen.
Sein Bruder starrte uns aus wässrigen Augen an, als wir durch das Zimmer zurückgingen. Pissegeruch hatte sich ausgebreitet, und ich musste ein Würgen unterdrücken. Beim Hinabsteigen der Treppe drückte mir die Waffe, die ich mir unter den Gürtel geklemmt hatte, bei jedem Schritt in den Bauch.

Während Ariano sich anzog und seine Sachen in eine Sporttasche packte, musterte ich seine untere Gesichtshälfte, die Ärzte hatten dort fast jeden Knochen wieder zusammengeflickt. Mir kam es so vor, als ob sein Mund jetzt weiter unten säße, sodass sein ganzes Gesicht dadurch verzerrt wurde. Als wir auf der Autobahn waren, zeigte ich ihm Marcs Waffe, doch er lachte nur trocken. »Sind wir jetzt in Amerika, oder was?« Ariano schüttelte den Kopf. »Ich muss erst mal chillen, Mann, dann sehen wir weiter.«
Nachdem wir ihn nach Hause gebracht hatten, fuhr ich mit Sascha zu Dana ins Solarium. Wir saßen auf einem der Stoffsofas im Wartebereich vor dem Tresen, machten Witze über die Kunden mit ihrer Karottenbräune und lachten so laut, dass es Dana peinlich war. Als mein Bauch wehzutun begann, fiel mir auf, wie lange ich schon nicht mehr richtig gelacht hatte.

Der Feierabendverkehr schob sich langsam über die Autobahn nach Frankfurt. Sascha hatte sein Fenster heruntergelassen, ließ einen Arm heraushängen, während ich auf dem Beifahrersitz das Geld noch einmal nachzählte.
Wir nutzten meistens diese Stunden, in denen sich im gesamten Rhein-Main-Gebiet Auto an Auto reihte, und man selbst als Kanake in einem Mercedes nicht weiter auffiel.
Wir parkten auf dem Aldi-Parkplatz schräg gegenüber von dem Block, in dem Benni wohnte. Sobald es dunkel wurde, drückten sich die Junkies hinter den parkenden Autos ihren Stoff rein, jetzt am Nachmittag war von ihnen noch nichts zu sehen. Wir klingelten ein paarmal, doch nichts passierte. Eine alte Frau schob sich an uns vorbei, schloss die Haustür auf.
»Klingel kaputt.« Sie winkte uns herein.
Benni legte das Gras auf die Waage. Das blau leuchtende Display zeigte, wie immer, kein Milligramm zu viel an. Nachdem ich ihm das Geld gegeben hatte, begann der gemütliche Teil. Benni drehte eine Tüte und erzählte uns von irgendeiner Alten, die er angeblich am Vorabend in den Arsch gefickt hatte.
»Beim ersten Date«, wie er immer wieder betonte.

Ich kannte Benni aus dem Knast. Wir waren Zellennachbarn gewesen, hatten uns nach Einschluss fast jede Nacht durch unsere nebeneinanderliegenden Fenster unterhalten, uns gegenseitig Hasch oder was zu essen zugependelt. Benni hatte gesessen, weil er mit einem Schlachtermesser auf drei Türsteher losgegangen war, die ihn aus einem Club rausgeschmissen hatten. Dem ersten, den er greifen konnte, hatte er zweimal in den Bauch gestochen.

Viele der Neuen, die auf unseren Flur gekommen waren, hatten Benni am Anfang nicht ernst genommen, da er knappe eins fünfundsechzig groß und dünn war. Sie wussten noch nicht, dass man nichts gegen Benni ausrichten konnte, wenn er rotsah, manche lernten es schmerzhaft. Blitzschnell grub er sich in sie hinein, rang sie zu Boden und lockerte den Griff um ihre Kehlen erst, wenn ihnen die Zunge dunkelblau angelaufen aus dem Mund hing.

Nachdem Sascha mit Benni eine Runde *FIFA* gezockt und wie jedes Mal verloren hatte, fuhren wir mit der prall gefüllten Sporttasche auf der Rückbank zu mir nach Hause.

Während Sascha das Gras in kleine Portionen abzupacken begann, öffnete ich meine Post, die ich gerade aus dem Briefkasten gefischt hatte. In dem ersten Brief wurde mir das Ende meiner Bewährungsstrafe mitgeteilt, im zweiten Umschlag lag eine Postkarte. Auf der

Vorderseite prangte die alte Brücke von Mostar, auf der Rückseite stand die schwer lesbare Handschrift meines Vaters.
Nachdem ich die Zeilen zum dritten Mal überflogen hatte, verstand ich, dass er noch länger in Bosnien bleiben würde und ich in seiner Abwesenheit keine Scheiße bauen sollte. Er hatte außerdem eine Telefonnummer notiert, unter der ich ihn erreichen konnte, falls etwas mit der Wohnung sei.
»Mach mal Mucke an!«, sagte Sascha.
Ich ging in mein Zimmer, um ein paar CDs zu holen.

Dana kam jetzt immer öfter zu mir, blieb manchmal mehrere Tage. Zusammen saßen wir dann nach der Schule am großen Tisch im Wohnzimmer, machten unsere Hausaufgaben, wobei ich zum ersten Mal seit Langem überhaupt meine Hausaufgaben machte. Auch sonst nahm ich die Schule ernster, gewöhnte mir die kleinen Verspätungen ab, hörte auf, in den Pausen zu kiffen, und traf mich vor Klassenarbeiten mit Hussein zum Lernen.
Meine Freunde sah ich kaum, abgesehen von Sascha, den ich während unserer Schichten auf dem Lehrerparkplatz traf. Ariano hatte sich seit seiner Entlassung zu Hause verbarrikadiert. Wenn wir bei ihm klingelten, ließ uns seine Mutter nicht hinein.
Als ich ihm einmal bei Plus begegnete, hatte er noch immer dieses verschobene, lange Gesicht, das ich nur

schwer ertragen konnte. Wir wechselten ein paar belanglose Sätze, dann trottete er mit seinen Honey-Pops in der Hand weiter.

Wenn Dana arbeitete oder sich mit Freundinnen traf, blieb ich meistens allein, kiffte auf dem Sofa, blätterte in Büchern, die ich im Regal meines Vaters gefunden hatte, oder saß einfach auf dem Balkon und sah dabei zu, wie es nach und nach Herbst wurde. Manchmal holte ich den Dobermann meines alten Nachbarn ab und ging mit ihm am Rhein spazieren.

Dabei sah ich gelegentlich Fabios Fiat auf einem der Feldwege stehen, die runter zum Fluss führten, erkannte hinter den beschlagenen Scheiben die ineinander verschlungenen Umrisse von ihm und Julia.

Der Weg in die Vorstadt der Russen schlängelte sich mehrere Kilometer lang durch den Wald. Die Bäume am Rand der Straße waren lange nicht mehr gestutzt worden, manchmal schlug einer ihrer Äste gegen meine Seitenscheibe. Ich mochte diese Strecke, auf der man fast nur Grün und selten andere Autos oder Menschen sah. Ariano saß hinten in der Mitte und tippte auf seinem Handy herum.

»Wir treffen uns bei Burger King, dem an der Autobahn.« Sascha, der am Steuer saß, nickte.

In den letzten Tagen hatten sich die jüngeren Kanaken aus unserem Ort immer wieder mit den jüngeren Russen aus der Vorstadt geboxt. Sie hatten Messer gezückt,

Schüsse aus Gaspistolen gefeuert. Wieder lagen zwei Jungs im Krankenhaus.
Ariano war schließlich von dem Russen, dem Dana die Nase eingeschlagen hatte, angerufen worden. Sie hatten lange gesprochen und sich dafür entschieden, die Sache und alles, was damit zusammenhing, aus der Welt zu schaffen.
Es war inzwischen Herbst geworden, und unter meiner dicken Daunenjacke war der Elektroschocker, den ich in einer Innentasche verstaut hatte, nicht zu erkennen. Im Rückspiegel sah ich, wie Marc seinen Schlagstock immer wieder ausfuhr und zusammenschob.
»Ich trau den Wichsern trotzdem nicht«, hatte Ariano gemeint.
Sascha fuhr aus dem Wald heraus auf die Landstraße und nahm die Autobahnauffahrt, dann bogen wir nach wenigen Hundert Metern zu der Raststätte ab, hinter der die grauen Hochhäuser der Vorstadt weit in den Himmel ragten.
Vor Burger King standen die Russen um einen Mercedes herum. Sie waren wie wir zu viert. Wir parkten neben ihnen, stiegen aus, gaben ihnen die Hand. Der Typ, dem Dana die Nase gebrochen hatte, machte eine einladende Geste in Richtung des Restaurants, und wir folgten ihnen hinein, setzten uns in eine der Nischen, ohne etwas zu bestellen.
Der Russe fragte Ariano, ob bei ihm wieder alles o.k. sei, doch Ariano winkte ab, erkundigte sich nach seinen

Jungs, die nach der Schlacht auf dem Schulhof ebenfalls im Krankenhaus gelegen hatten. Auch sie hatten sich halbwegs wieder erholt, und es schien, wenn man unsere Unterzahl von damals nicht mitrechnete, auf ein Unentschieden hinausgelaufen zu sein.

Wir vereinbarten, dass wir die Jungs aus unserem Ort zurückpfeifen würden und die Russen bei sich das Gleiche tun würden. Bevor wir alle wieder in unsere Autos stiegen, gaben wir uns zum Abschied noch einmal die Hände.

»Sind doch eigentlich gute Jungs«, meinte Ariano, als wir zurückfuhren. »Wenn sie nicht zu viel gesoffen haben.«

»Ach, sind doch trotzdem Hurensöhne«, sagte Sascha mit russischem Akzent, alle lachten.

Nachdem wir uns Schnaps und Bier gekauft hatten, standen wir bis tief in die Nacht auf dem Lehrerparkplatz, hörten Musik und kifften. Es war wie in alten Zeiten.

Wenige Tage später wurde Ariano von seiner Mutter nach Italien zu seinem Vater geschickt, um sich dort ganz zu erholen. Als wir ihn zum Flughafen brachten, fiel mir sein verschobenes Gesicht zum ersten Mal nicht mehr auf. Doch ich konnte nicht mit Sicherheit sagen, ob es verschwunden war oder ich mich nur daran gewöhnt hatte.

Nach der Sicherheitskontrolle drehte Ariano sich noch

einmal um, wir winkten ihm alle zu, und er musste grinsen.
»Wie bei den Schwuchteln!«, rief er über all die Leute hinweg und verschwand.

Vor Saschas Garage stand ein BMW mit Frankfurter Kennzeichen. Als ich gegen das Tor klopfte, hörte ich bereits von drinnen das heisere Lachen von Marko, einem Cousin von Sascha.

Sascha hatte sich in einer der Garagen neben seinem Block ein kleines Fitnessstudio eingerichtet. Hanteln, eine Bank, ein paar Geräte, die er sich teilweise selber gebaut hatte. Die beiden trainierten gerade, und ich drückte mich an ihnen vorbei, öffnete die Hintertür, die zu einem winzigen Stück eingezäunter Wiese führte, auf dem zwei Plastikstühle standen. Es war kalt, doch die Luft war klar und trocken, stank nicht wie in der Garage nach Schweiß.

Nach ein paar Minuten setzte sich Marko zu mir, zündete sich eine Zigarette an.

»Alles fit bei dir?«

Ich nickte. »Selber?«

»Adem is' in U-Haft. Sonst alles gut, ja.«

Adem war Markos Bruder. Als kleine Pisser waren Sascha und ich manchmal mit der S-Bahn nach Frankfurt gefahren, um sie zu besuchen. In ihrer Wohnung hatte ich meinen ersten Joint geraucht, meine erste Line gezogen. Einmal hatten sie uns nachts mit in den Wald genommen und mit einer scharfen Waffe schießen lassen.

Irgendwann wurden sie wegen irgendwas von den Bullen gesucht, waren lange auf der Flucht, dann im Knast gewesen. Jetzt sahen wir uns nur noch ab und zu, meist wenn Saschas Vater oder Mutter Geburtstag hatte, und sie mit ihren Eltern in unser Kaff kamen.

»Hat jemand Geburtstag?«, fragte ich, doch Marko winkte ab.

»Ich muss meinen Arsch mal paar Tage aus Frankfurt draußen halten.«

Bevor Sascha und ich zum Lehrerparkplatz fuhren, schleppten wir die Besuchermatratze von Saschas Eltern in die Garage, stellten Marko einen Heizlüfter daneben.

»Mit euch kann man arbeiten«, sagte er und lachte.

Nachdem wir auf dem Lehrerparkplatz ein paar Packs losgeworden waren, holte ich Dana vom Solarium ab. Zu Hause aßen wir etwas, dann setzte sie sich an den Tisch im Wohnzimmer, schaltete die Leselampe ein. Ihre Abiturprüfungen begannen in der darauffolgenden Woche, sie wollte gut vorbereitet sein. Ich setzte mich aufs Sofa, ging die Post der letzten Tage durch. Auf einem grauen Briefumschlag stand kein Absender, doch die schnell mit Kugelschreiber hingekritzelte Adresse reichte aus, dass ich die Handschrift meines Knast-Lehrers erkannte.

Mein Lieber,

ich wollte dir schon länger schreiben, doch die Arbeit hier wird nicht weniger. Vor zwei Wochen sind außerdem drei Jungs abgehauen, was alles nur noch komplizierter macht. Sie haben wohl wochenlang die Gitterstäbe eines Aufenthaltsraums durchgesägt und sind nachts irgendwie aus ihren Zellen entkommen. Alle Mitarbeiter waren im Verdacht, ihnen geholfen zu haben, es ging drunter und drüber. Ich musste sogar Unterricht ausfallen lassen, was ich, wie du weißt, eigentlich nie tue.
Gestern, beim Durchsehen alter Unterlagen, ist mir eine Geschichte von dir in die Hände gefallen, die du für den Deutschunterricht geschrieben hast. Ihr solltet über eine Reise schreiben, die ihr früher mal unternommen hattet, so eine Art Urlaubsbericht. Alle haben vom Türkei-Urlaub, Eisessen mit der Familie oder davon, dass sie in den Ferien immer nur fernsehen, erzählt. Nur du hast über dich in deiner Zelle geschrieben. Wie du da liegst und dich wegträumst an Orte, die nicht weit entfernt, aber doch unerreichbar sind. Ganz normale Orte wie einen Supermarkt, einen Parkplatz, auf dem du dich immer mit deinen Freunden getroffen hast. Als du vorgelesen hast, waren alle ganz still. Daran erinnere ich mich noch ganz genau. Beim Lesen fragte ich mich, wie es dir geht, ob du wie geplant dein Abitur machst?
Ich wünsche dir nur das Beste und hoffe, bald von dir zu hören.

Es klopft!« Dana sah nicht von ihrem Buch auf.

Ich faltete die eng beschriebene Seite zusammen, steckte sie in die Hosentasche und ging zur Tür. Durch den Spion sah ich meinen alten Nachbarn mit seinem Dobermann im Treppenhaus stehen.

Aus müden Augen sah er mich an und fragte, ob ich für ein paar Tage auf seinen Hund aufpassen könne. Er fühle sich nicht gut, der Krankenwagen sei unterwegs, und er wisse nicht, wie lange sie ihn dabehalten würden. Er hustete, hielt sich ein Taschentuch vor den Mund, es war voll getrockneten Bluts, schwankte dann leicht, stützte sich an der Wand ab. Ich ließ den Hund in meine Wohnung, half ihm dann die Treppe hinunter.

Obwohl wir Nachbarn waren, seit ich ein kleiner Junge war, hatte ich seine Wohnung noch nie betreten. Der Mann schleppte sich zu einem rissigen Ledersofa, sank darauf nieder.

»Hast du schon paar Sachen gepackt? Fürs Krankenhaus.«

Er schüttelte den Kopf.

»Soll ich?«

Erst schüttelte er wieder stumm den Kopf, sagte mir dann aber doch, wo ich eine Reisetasche finden konnte. Als ich ihn fragen wollte, was ich einpacken sollte, war er eingeschlafen. Also öffnete ich ein paar Schubladen, suchte zusammen, was ich für wichtig hielt. Es klingelte an der Haustür, ich ließ die Sanitäter hinein, ging dann wieder nach oben.

»Ist der Krankenwagen da?«, fragte Dana.
Ich nickte.
»Gut. Nett, dass du ihm hilfst!«
Auf dem Balkon versuchte ich, einen Joint zu drehen, doch es wollte mir nicht gelingen, meine Finger zitterten zu stark.
Ich sah meine Mutter auf dem Sofa oder im Bett liegen, schwer atmend, kotzend. Ich sah mich zum Telefon rasen, den Notarzt rufen. Gerade sieben, acht Jahre alt.
»Immer gleich die 112, nicht erst mich anrufen!«, hatte mir mein Vater eingeschärft.
Mit der ledernen Reisetasche war ich durch die Wohnung gerast, hatte alles eingepackt, was sie mir gesagt hatte. Unterwäsche, Zahnbürste, einen Bademantel, bequeme Kleidung.
Ich musste hier raus, nahm den Hund an die Leine und verließ das Haus.

In leichtem Nieselregen ging ich in Richtung der verwilderten Äcker hinter dem Industriegebiet, der Dobermann trottete ruhig neben mir her. Die Straße machte eine scharfe Linkskurve, hinter der die Teerstraße zu einem schmalen Kiesweg wurde.
Ich erkannte den Lockenkopf von Julia, sie trug trotz des Regens und der Kälte nur einen dünnen Pullover. Als wir auf gleicher Höhe waren, sah ich ihr verheultes Gesicht und wollte sie fragen, was los war, doch sie ging an mir vorbei, ohne aufzusehen. Am Rand des Weges

entdeckte ich Fabios Fiat, aber er saß nicht drin. Plötzlich hörte ich dumpfe Schläge, die sich in unregelmäßigen Abständen wiederholten. Sie schienen aus dem Gebüsch links vom Weg zu kommen, weshalb ich mich zusammen mit dem Hund durch die Hecken kämpfte, bis ich zu einem alten Schuppen kam, in dem wir früher manchmal gekifft hatten.

Fabio stand vor einem Autowrack, das seit Jahren vor sich hin gammelte, trat immer wieder gegen die Seitentür. Als er mich bemerkte, drehte er sich schnell um, sah mich enttäuscht an. Erschöpft wankte er zu der Hütte, setzte sich auf die Stufen davor. Ich hockte mich neben ihn und begann eine Tüte zu drehen, während der Hund gegen das Auto pisste. Fabio rieb sich mit schmerzverzerrtem Gesicht das Bein.

»Was ist denn los?« Ich zündete den Joint an. »Hab grad Julia gesehen …«

»Ach, diese Schlampe, Alter … Hat keinen Bock mehr auf mich. Wie ihre Fotzen-Schwester damals.«

Er sah mich kurz erschrocken an, doch ich winkte ab. Fabio streckte seine Hand nach dem Joint aus, inhalierte tief.

»Die ist doch eh zu jung. Scheiß auf die!«

Fabio schüttelte den Kopf. »Der Körper, Mann … und auch sonst. Die ist viel älter. Innendrin.« Seine Stimme brach, und er wandte sein Gesicht von mir ab.

Eine Weile saßen wir schweigend da, bis der Hund unruhig zu werden begann.

»Was ist das eigentlich für ein Hund?«, rief Fabio mir nach, als ich schon einige Meter entfernt war.
»Irgendein Hund, Mann, keine Ahnung!«, antwortete ich und hörte ihn lachen.

»Ariano bleibt in Italien. Also erst mal halt«, meinte Sascha am nächsten Tag auf dem Lehrerparkplatz. »Hat da irgend 'ne Frau am Start, 'nen kleinen Job und so. Hat seine Mutter eben bei Plus erzählt.«
Ich begann eine Tüte zu drehen, als ich es bemerkte, ließ ich es wieder bleiben.
»Mach mal langsamer mit dem Scheiß«, hatte Dana vor ein paar Tagen gesagt.
»Ich und Fabio wollen ihn bald mal besuchen. So im Januar, Februar. Ist immer warm da. Bock?«, fragte Sascha, und ich deutete ein Nicken an.
Es klopfte an der Scheibe, und ich stieg aus, gab dem Kunden die Hand. »Wie viel?«
»Vierzig.«
»Wenn du für fünfzig nimmst, kriegst du noch bisschen gratis.«
»Ja, o.k.«
Als ich seine Scheine durchzählte, fiel mir ein Zehner runter, ich hob ihn schnell wieder auf.
»Bist du auf Entzug, oder was?«, fragte der Kiffer grinsend.
Erst jetzt fiel mir auf, dass meine Hände wieder zitterten. Aus dem Augenwinkel sah ich jemanden näher

kommen, steckte das Geld schnell weg, drehte mich um, während sich der Kiffer verpisste. Ein alter Mann stand vor mir, zwei Köpfe größer als ich.
»Was treibt ihr hier eigentlich immer?« Er sah mich aus zusammengekniffenen Augen an.
»Was ist?«, fragte Sascha, der jetzt auch ausgestiegen war.
»Was ihr hier macht?«
»Wer will das wissen?«
Der Mann zeigte auf ein Haus, das hinter einer hohen Hecke lag. »Ich wohn da, hör dauernd eure scheiß Musik. Seh, wie ihr hier alles zumüllt.«
Er machte einen Schritt auf Sascha zu, beugte sich nah zu seinem Gesicht. »Ich will euch hier nie wieder sehen!«
»Das ist ein freies Land.« Sascha grinste, doch der Typ packte ihn plötzlich am Hals.
»Verpisst euch! Jetzt!« Er drückte Sascha gegen den Mercedes.
»Lass ihn los!« Der Alte hörte nicht. Ich machte zwei Schritte auf ihn zu, packte ihn an der Schulter, zog ihn nach hinten. »Ist gut jetzt.«
Die Ohrfeige traf mich unerwartet, knallte gegen mein Trommelfell, das sofort zu dröhnen begann. Ich machte einen Ausfallschritt nach hinten, duckte mich unter dem nächsten Schlag weg, sprang auf ihn zu und trat ihm in den Bauch, schlug dann so lange meine Faust gegen seinen Kopf, bis Sascha mich wegzog.

»Was is' los mit dir?« Sascha lachte, als wir in seinem Mercedes wegrasten. »Der könnte unser Opa sein, Mann!«

»Er hat angefangen.«

Meine Hände zitterten nicht mehr.

Hallo Herr Gans,

über Ihren Brief habe ich mich sehr gefreut. Ja, ich gehe noch zur Schule, mache bald Abitur. Also, wenn ich es nicht verkacke, natürlich.
An den Aufsatz kann ich mich noch gut erinnern. Auf meiner Zelle gab es für mich nichts Besseres als den Gedanken, endlich wieder bei Plus einkaufen gehen zu können. Einfach aus dem Regal nehmen, was man möchte. Zufällig einen meiner Freunde treffen.
Jetzt bin ich schon lange wieder zurück. Zu lange vielleicht. Manchmal denke ich, dass ich weggehen sollte, aber wenn ich dann mal irgendwo anders bin, will ich nach ein paar Stunden schon wieder zurück. Keine Ahnung, warum.
In Ihrem Unterricht sollten wir einmal einen Traum von uns aufschreiben. Es fiel mir nicht schwer, weil ich mich nach dem Aufwachen immer genau daran erinnerte, was ich geträumt hatte. Selbst wenn es in derselben Nacht drei oder vier Träume waren. Hier draußen ist es anders. Ich träume kaum, und wenn, erinnere ich mich morgens nur verschwommen daran. Aber ein Traum kommt immer wieder. Ich sehe das Gesicht eines Freundes vor mir. Es ist kaputt geschlagen, nur Blut, Fleisch und Knochen. Er redet aber ganz normal mit mir, läuft herum, als ob nichts wäre.
Manchmal schrecke ich dann aus dem Schlaf hoch, manchmal kommt dann ein anderer Traum. Warum ich Ihnen davon schreibe, weiß ich nicht. Vielleicht, weil ich es sonst niemandem erzählen kann.

PS: Als ich einmal frech zu Ihnen war, haben Sie mir geraten, dass ich mir draußen eine ältere Freundin suchen soll. Die würde mich schon in den Griff bekommen. Das habe ich getan. Sie heißt Dana.

Ich stand mit Dana rauchend am Fenster. Es war abends schon wieder länger hell, und wir sahen dabei zu, wie die Sonne, die sich in den letzten Wochen kaum gezeigt hatte, hinter den Bäumen verschwand. Schließlich wurde es zu kalt, ich schloss das Fenster, und wir legten uns wieder ins Bett.

»Ich bin ein paar Tage in Frankfurt ab morgen. Schau mir da einige WG-Zimmer an.«

»O.k.«

Sie sah mich lange an. »Ist ja nicht so weit.«

Ich nickte. Sie sah mich immer noch an.

»Was ist?«, fragte ich, als ich ihren Blick nicht mehr aushielt.

»Ich dachte, du willst vielleicht noch was sagen.«

»Was denn?«

Sie zuckte mit den Schultern.

»Wenn ich mein Abi hab, studier ich auch in Frankfurt, dann können wir da zusammenwohnen. Oder: Kannst du nicht trotzdem hier wohnen bleiben? Sind ja nur vierzig Minuten mit dem Zug.«

Sie wirkte wütend, ich hatte keine Lust auf Streit, stand auf und ging ins Wohnzimmer. Auf dem Sofa holte ich

das Gras aus meiner Bauchtasche, begann einen zu bauen. Dana stellte sich in den Türrahmen.
»Du wolltest langsamer machen!«
Ich packte das Gras wieder weg. »Was willst du?«
Sie schüttelte nur den Kopf.
»Ich kann nicht mitkommen, wegen der Schule.«
Doch sie schüttelte den Kopf nur noch heftiger.
»Du verstehst gar nichts, oder?« Sie starrte mich wütend an, ging dann ins Bad, schmiss die Tür hinter sich zu.
Ich stand auf, nahm den Hund an die Leine. Als wir wiederkamen, war Dana nicht mehr da.

Dicke, nasse Schneeflocken fielen auf uns herab, als ich mit Sascha durch endlose Reihen gebrauchter Autos ging. Die Heizung des Mercedes war vor einigen Tagen ausgefallen, und wir brauchten dringend Ersatz, da wir uns seither den Arsch bei der Arbeit abfroren. Sascha blieb vor einem Benz stehen, der genauso wie sein alter aussah.
»Der is' gut, oder?«
Ich nickte. Die Tür eines kleinen Containers drei Reihen von uns entfernt öffnete sich, ein Verkäufer streckte seinen Kopf in unsere Richtung.
»Kann ich helfen?«
Sascha nickte, woraufhin der Mann sich eine Jacke überstreifte und zu uns kam. Er begann die Motorleistung des Autos herunterzurattern, doch Sascha unterbrach ihn.

»Hat der eine Standheizung?«
Der Mann sah ihn kurz irritiert an. »Natürlich. Hat er auch.«

»Ich hab kein Gras mehr«, hatte Benni vor ein paar Wochen zu uns gesagt. Als wir ihn entgeistert angeschaut hatten, war er in dröhnendes Lachen ausgebrochen. »Nicht so schlimm, Mann, nicht so schlimm!« Benni hatte uns einen Beutel mit weißem Pulver entgegengehalten. »Macht ihr hundertmal mehr Gewinn mit.«
Wir waren uns erst unsicher gewesen, doch Benni hatte uns ein kleines Testpaket zum Vorteilspreis gegeben, uns gut zugeredet.
Seitdem sich unser neues Sortiment herumgesprochen hatte, klingelten unsere Handys ohne Pause. Unter der Woche holte Sascha mich jeden Nachmittag von der Schule ab, dann belieferten wir alle, die etwas wollten, manchmal bis spät in die Nacht.

Die Probefahrt machten wir in die Vorstadt. Wir fuhren auf den Parkplatz eines Shoppingcenters. Schon von Weitem sah ich die drei Russen, für die wir was dabeihatten. Sie quetschten sich auf die Rückbank, legten ihr Geld auf die Mittelkonsole. Wir gaben ihnen immer große Packs, die sie vorm Weiterverkauf wahrscheinlich noch mehr streckten, als wir es ohnehin schon getan hatten.
Während ich das Geld nachzählte, betätigte Sascha die

Fensterheber. Gestank hatte sich im Auto ausgebreitet. Die meisten Junkies schwitzten ihn aus, er roch leicht säuerlich, chemisch. Nachdem ich fertig gezählt hatte, griffen sich die Russen schnell ihre Päckchen und rannten in Richtung der Blocks, in denen sie wahrscheinlich schon sehnsüchtig von ihren Kunden erwartet wurden. Nachdem Sascha gut durchgelüftet hatte, blieben wir noch kurz auf dem Parkplatz stehen, testeten die verschiedenen Stufen der Standheizung. Als wir zu schwitzen begannen, beschloss Sascha, den Wagen zu kaufen.

Auf den zehn Metern vom Auto zum Wettbüro wurden wir von einem Junkie angeschnorrt, der kaum noch Zähne im Mund hatte und nach Pisse stank.
»Diese scheiß Crack-Stadt«, murmelte Sascha.
Dann hörten wir Markos Stimme. »Verpiss dich, Mann! Schnorr nicht vor unserem Laden!«
Eine Coladose flog in Richtung des Junkies, der sich schnell duckte, die Straßenseite wechselte und im Feierabendgewühl verschwand.
Im Laden saßen Dutzende Kanaken vor riesigen Leinwänden, auf denen Fußball, Pferderennen, Eishockey und sonst alles lief, worauf man Geld setzen konnte. Marko führte uns zu einem Hinterzimmer, an dessen Tür in roter Schrift und fünf oder sechs Sprachen »Zutritt verboten!« stand. Adem sprang von einem Sofa auf, kam mit ausgebreiteten Armen auf uns zu.
»Schön, euch zu sehen, Jungs!«

Nachdem wir ein paar Tees getrunken, eine Tüte geraucht hatten, liefen wir durch das Bahnhofsviertel. Die Fixer und Crackjunkies lagen im Rinnstein, lehnten an Hauswänden. Manche zogen an Crack-Pfeifen, eine Frau im Rollstuhl setzte sich einen Schuss.

Marko hämmerte mit der Faust gegen die Tür eines Puffs, nach ein paar Sekunden wurde von innen geöffnet. Der Türsteher gab Marko und Adem die Hand, dann gingen wir durch einen großen, verspiegelten Raum mit Ledersofas und einer Bar. Ein paar Frauen saßen herum, starrten in ihre Handys. Wir stiegen eine Treppe hinauf in den ersten Stock.

Mitten auf dem Flur stand ein kleiner, fetter, nackter Mann, der ein Handtuch um seine Hüfte gewickelt hatte. Er fuchtelte mit den kurzen Armen vor einer großen Hure im Bademantel und einem Araber herum..

»Wenn du nicht abspritzen kannst, bist du selber schuld! Wenn die Zeit um ist, ist sie um. Musst du noch mal bezahlen«, sagte der Araber.

»Ich hätte nur noch zehn Sekunden gebraucht! Außerdem hat die nicht richtig mitgemacht.«

Die Hure griff blitzschnell nach dem Handtuch, zog es nach unten.

»Alter, wo ist denn dein Pimmel hin?«, brüllte Marko, und alle lachten, während der Fettsack mit hochrotem Kopf in einem der Zimmer verschwand.

»Das ist alles, was ich hab«, sagte der Araber und legte die letzte Waffe auf den Tisch seines kleinen Büros.
Marko musterte die Auswahl, schob dann drei Pistolen und einen Revolver zu Sascha und mir.
»Das andere ist Schrott!«, murmelte er auf Jugo.
Ich nahm den kleinen Revolver mit kurzem Lauf in die Hand, visierte einen Aktenordner an.
»Den kannst du dir zur Not auch in den Arsch stecken, wenn die Bullen kommen!« Adem grinste.
Der Revolver war leicht, lag gut in der Hand. Sascha entschied sich für eine große silberne Pistole, und wir nahmen jeweils noch Patronen dazu.
»Passt auf euch auf!«, sagten Marko und Adem zum Abschied. Ich bildete mir ein, dass sie es ernst meinten.

Sascha und Fabio warteten wenige Tage später schon halb besoffen am Bahnhof auf mich. Wir fuhren mit dem Zug in die Stadt, liefen von dort zu einer Disko auf der anderen Rheinseite. Die Türsteher waren Bekannte von Ariano, wir gaben ihnen die Hand, wurden am Kassenhäuschen vorbeigeschleust. Drinnen stampften die Bässe, Männer in Buffalos und Glitzerhosen tanzten mit Frauen in Netzoberteilen.
Ariano hatte uns mal mit dorthin geschleppt, als er begonnen hatte, Techno zu hören. Einmal hatten sie ihn sogar auflegen lassen. Er hatte sich davor aber so hart betrunken, dass ich später neben ihm am DJ-Pult ste-

hen und ihn festhalten musste, wenn er das Gleichgewicht zu verlieren drohte.
Wir stellten uns an die Bar, bestellten Wodka und Bier. Mit steigendem Pegel entspannten wir uns. Fabio war bald mit dem Antanzen einer Frau im Netzoberteil beschäftigt, während Sascha und ich auf einem der Sofas saßen, das Treiben um uns herum beobachteten. Einer der Türsteher brachte uns ein paar Schnäpse, und irgendwann standen auch wir leicht wippend zwischen den Tanzenden.
Ich schaute immer wieder zu Fabio, der mit der Frau inzwischen herumknutschte, schließlich mit ihr in Richtung Toilette verschwand. Sascha brüllte mir irgendwas ins Ohr, ich konnte ihn kaum verstehen, nickte ihm aber trotzdem zu, und er grinste.

Auf dem Rückweg wollten wir uns ein Taxi nehmen, doch alle Nummern waren besetzt, der Taxistand oben auf der Brücke leer. Ich schaute auf die Uhr, bald fuhr der erste Zug. Fabio meckerte herum, der Weg zum Bahnhof sei zu weit. Er nervte so lange, bis ich mich mit Sascha allein auf den Weg machte.
Wir gingen gerade über die Rheinbrücke, als ein Fiat Punto herangerast kam und mit quietschenden Reifen neben uns bremste. Fabio kurbelte das Fenster herunter und bedeutete uns einzusteigen, doch Sascha winkte nur müde ab.
»Bist doch viel zu besoffen, Mann.«

Fabio fuhr weiter im Schritttempo neben uns her, belaberte uns ohne Pause.
»Komm ma da raus jetzt!«, meinte ich, doch er tat so, als ob er mich nicht hörte.
Schließlich fuhr Fabio mit dem Auto vor uns auf den Bürgersteig, doch wir gingen einfach um ihn herum weiter in Richtung Bahnhof.
»Lass die Scheiße stehen und komm mit zum Zug!«, rief Sascha ihm ein letztes Mal zu, doch Fabio beschleunigte hart, schoss mit qualmenden Reifen an uns vorbei.
Aus dem Seitenfenster schaute sein ausgestreckter Mittelfinger auf uns zurück.

Auf der Rheinallee kam uns doch noch ein Taxi entgegen, und ich hielt es an. Gegen die aufsteigende Übelkeit in mir öffnete ich das Fenster einen Spaltbreit und ließ den kalten Fahrtwind gegen mein Gesicht prallen.
Der Taxifahrer war ein alter Mann, der nicht mal versucht hatte, ein Gespräch mit mir anzufangen. Schweigend starrten wir beide geradeaus, während Sascha auf der Rückbank schlief.
Als wir auf der Landstraße in Richtung unseres Dorfes fuhren, begann es auf der Fahrbahn vor uns zu glitzern, dann sah ich am Straßenrand ein leuchtendes Feld. Ich schloss die Augen; als ich sie wieder öffnete, war alles immer noch da.

Der Taxifahrer bremste hart und rannte in das Feld. Erst jetzt entdeckte ich das Auto, das dort mit eingeschalteten Scheinwerfern auf dem Dach lag. Ich brauchte keinen zweiten Blick, um zu wissen, dass es ein Fiat Punto war.

Der Taxifahrer kniete im Schlamm, schaute durch das Beifahrerfenster des Wagens, während er in sein Handy schrie. Ich schubste ihn zur Seite, zerrte so lange an der Tür, bis sie nachgab, und kroch in den Wagen hinein. Fabio war zwischen Lenkrad und Frontscheibe eingequetscht, sein Blut sickerte rot in den weißen Airbag vor ihm.
»Die Scheiße ist geklaut, Mann! Hol mich hier raus!«, wimmerte er.
Erst jetzt bemerkte ich, dass er mich anstarrte.
»Du kannst hier nicht weg! Wir sollen dich nicht bewegen, wegen der Wirbelsäule«, rief der Taxifahrer hinter mir.
»Du scheiß Wichser, Mann! Wer bist du überhaupt?«, fiel Fabio ihm ins Wort, während seine Augen nicht von mir abließen.
»Du verfickter Bastard!«
Ich war mir sicher, dass er jetzt wieder mich meinte.
»Lässt mich hier sitzen! Eiskalt! Erst fickst du meine Frau, und jetzt lässt du mich hier sitzen, Mann. Du verdammter Hurensohn!«
In der Ferne hörte ich Sirenen, kroch wieder aus dem

Auto heraus. Sascha stand inzwischen neben dem Taxifahrer, schaute mich fragend an. Ich nickte.

Ich saß auf dem Sofa und versuchte mich auf den laufenden Fernseher zu konzentrieren, als der Hund mit seiner Leine im Maul zu mir kam, mich flehend anstarrte. Nachdem er auf die Wiese vorm Haus gekackt hatte, gingen wir die Teerstraße entlang.

In einer der Parkbuchten stand ein Lkw-Fahrer, putzte sich im Morgengrauen die Zähne. Er bemerkte mich, spuckte schnell aus und fragte mich in einer fremden Sprache nach einer Zigarette. Nachdem ich ihm auch Feuer gegeben hatte, blieb ich neben ihm stehen, bis mir auffiel, dass es dafür keinen Grund gab.

Ich lief weiter, kam bald in die Felder und schließlich in den Wald. Ich erinnerte mich, hier in der Nähe war ein Übungsplatz der Amerikaner gewesen. Ariano, Fabio, Sascha und ich waren als Kinder oft heimlich über den Zaun geklettert, hatten nach leeren Patronenhülsen, den Ringen von Granaten gesucht.

Weiter geradeaus, immer weiter lief ich, bis ich an den Rhein kam. Ich ließ die Leine fallen und watete ins Wasser. Die Kälte zerrte an mir, dann wurde alles taub.

»Ey, du! Ey, was machst du da?«

Ich drehte mich um und sah eine Frau in einer roten Funktionsjacke am Ufer neben dem Hund stehen.

»Alles o. k.?«

Ich sah sie stumm an.

»Ist das dein Hund?«
Ich nickte. Mein gesamter Unterleib war taub, und es bereitete mir Schwierigkeiten, meine Beine in Richtung Ufer zurückzubewegen. Ich wusste nicht, wie lange ich so dagestanden hatte.

Ich stand auf einem gepflasterten Weg und musterte die weißen Gebäude, die vor mir lagen, konnte aber keine Hausnummern entdecken. Ein Downie kam zu mir und fragte mich, wo ich hinwollte, nahm mich bei der Hand und führte mich zu dem richtigen Gebäude.
Die Eingangstür öffnete sich automatisch, ich kam in einen Gruppenraum voller Krüppel und Geisteskranker. Ein Mann, dem der Sabber aus dem Mund tropfte, sprang auf allen vieren auf einem Sofa herum, gab kreischende Laute von sich, ein anderer schlich wie eine Katze zwischen den Sesseln und Stühlen umher. Eine Pflegerin führte mich den Flur entlang und öffnete eine der Türen.
Fabio saß in einem Rollstuhl am Fenster und starrte nach draußen.
»Wollen Sie mit ihm an die frische Luft?«, fragte die Frau und hatte ihm schon, ohne meine Antwort abzuwarten, eine viel zu große Jacke übergestreift.

Die Felder waren von einer feinen Eisschicht überzogen, vereinzelt hüpften Vögel auf ihr herum, ein Paar aufgescheuchte Rehe rannten davon. Auf dem Weg wa-

ren Pfützen gefrorenen Wassers, ich wich ihnen aus, so gut es ging. Auf Fabios Hinterkopf wuchs das Haar fleckenförmig um die OP-Narben herum, warum nur hatten sie ihm keine Glatze rasiert? Er grunzte leise vor sich hin, lallte manchmal unverständliches Zeug, und ich war froh, dass er mit dem Gesicht nach vorne saß.
Als wir unten am Fluss angekommen waren, entdeckte ich eine kleine Insel. Als Kinder waren Ariano, Sascha, Fabio und ich oft mit meinem Vater in einem Schlauchboot rübergefahren, hatten dort gezeltet. Abends hatten wir Feuer gemacht, Würstchen gebraten, Kartoffeln in die Glut gelegt. Vorm Schlafengehen hatten wir auf dem Rücken im Sand gelegen in unseren Schlafsäcken, und mein Vater hatte uns die Sternbilder erklärt.
Ich fragte Fabio, ob er sich daran erinnern könne, das Wippen seines Kopfes deutete ich als Ja.
Auf dem Rückweg begann er plötzlich laut zu röcheln, sein Gesicht lief rot an, der ganze Körper wurde von Krämpfen geschüttelt. Ich griff nach seiner Hand und drückte sie fest, bis der Anfall vorüber war. Als er wieder regelmäßiger atmete, bemerkte ich, dass mir Tränen übers Gesicht liefen.

Im Zug zurück war mir eingefallen, dass mein Kühlschrank leer war, und so stand ich bei Plus vor dem Kühlregal, als ich neben mir Danas Stimme hörte. Neben ihr lief irgendein Typ, hielt ihre Hand. Ich wollte mich schnell in einen Seitengang drücken, doch sie hatte mich

schon bemerkt, rief meinen Namen. Ihr Freund verschwand schnell in Richtung Getränkeabteilung. Zusammen standen wir vor dem Kühlregal, vermieden es, uns in die Augen zu sehen.
Nachdem wir Belanglosigkeiten ausgetauscht hatten, fragte sie mich nach Fabio, ob ich ihn schon einmal besucht hätte. Meine Brust schnürte sich zusammen, ich starrte auf den Boden. Plötzlich umschloss sie mich mit den Armen, drückte sich fest an mich. Nach wenigen Augenblicken löste sie sich wieder von mir, schaute mich mit verheulten Augen an.
»Grüß ihn mal von mir!«
Als ich Plus mit meinen Einkäufen verließ, sah ich Dana und ihren Freund in einem alten Ford sitzen. Er schien ihr gerade eine Szene zu machen, wedelte wild mit den Armen herum, während sie ganz still dasaß.

Der Hafen lag etwas außerhalb des Dorfes, hinter der Außenmauer der Chemiefabrik. Ihre Rohre, Wassertanks und riesigen Schornsteine umschlossen fest den kleinen Platz mit ein paar Schiffsanlegestellen, einem Spielplatz und einem Imbiss, erdrückten ihn fast. Trotzdem waren hier im Sommer immer viele Leute. Sie saßen auf den Parkbänken oder auf der Betonrampe, die direkt ins Wasser führte. Manche angelten, andere schauten einfach auf die seichten Wellen oder die Berge auf der anderen Seite des Flusses.

Als ich mit dem Hund vorbeilief, trotzten nur die Säufer am Imbiss der Kälte, sonst lag alles wie ausgestorben da.

Vor ein paar Wochen war mein Nachbar im Krankenhaus gestorben. Auf seiner Beerdigung war außer mir nur noch ein alter Kollege von ihm gewesen. Irgendein Friedhofsangestellter hatte die Urne zu einem Loch gebracht, sie hineinfallen lassen.

»Will jemand was sagen?«

Doch wir hatten beide den Kopf geschüttelt. Er hatte das Loch wieder mit Erde gefüllt, ein Holzkreuz darauf gesetzt, war dann grußlos abgezogen.

»Schlimm«, hatte der Kollege gemurmelt. »Das hat er nicht verdient.«

Der Dobermann hatte eine Woche lang kaum etwas gefressen, fast ausschließlich auf dem Sofa gelegen und die Wand angestarrt. Wenn er scheißen musste, tat er es gleich neben unserem Haus, zog mich dann wieder in die Wohnung. Heute hatten wir es das erste Mal wieder bis an den Rhein geschafft.

Ich verließ die Betonwüste und betrat den Uferwald, der an den Hafen grenzte, dahinter lagen die Felder. Nach wenigen Minuten kamen wir an einen flachen Seitenarm, in dem wir als Kinder oft während des Sommers geschwommen waren. Abends war ich oft mit zehn Zecken am ganzen Körper nach Hause gekommen, und mein Vater hatte sie mir leise fluchend mit der Pinzette entfernt.

»Du kriegst noch eine Hirnhautentzündung oder Borreliose, wenn du so weitermachst. Zieh endlich eine lange Hose an, wenn du nach da unten gehst!«

Das hatte er mir jedes Mal eingeschärft, doch ich hatte nie auf ihn gehört. Zu dieser Zeit war er noch voller Hoffnung gewesen, dass seine Krankenpfleger-Ausbildung aus Bosnien anerkannt werden würde.

»Wir haben gelernt, was in Deutschland Ärzte können!«, erzählte er stolz jedem, der ihn nach seinem Beruf fragte, was aber nichts daran geändert hatte, dass sie ihn schließlich doch nur als Pflegehelfer zuließen. Er durfte nicht mal mehr Spritzen setzen.

Als ich auf dem Rückweg wieder am Hafen vorbeikam, sah ich eine Frau in einem dicken Parka oben an der Betonrampe stehen. Ihr Gesicht war gegen den eisigen Wind mit einem dicken Schal verhüllt. Als ich an ihr vorbeiging, rief sie meinen Namen. Es war Dana.

Wir saßen im Auto ihrer Eltern, fuhren schweigend durch das Gewerbegebiet. Die Straße war vor einigen Wochen frisch geteert worden, wir glitten fast geräuschlos über sie hinweg.
»Was ist denn mit der Sauna passiert?« Dana deutete auf das platt gewalzte Areal, das jetzt von einem Bauzaun umgeben war.
»Die erweitern die Chemiefabrik oder so.« Ich zuckte mit den Schultern.
Vom Dach meines Hauses hatten wir früher oft auf das Außengelände der Sauna gestarrt, die nackten Leute beobachtet. Mit zunehmendem Alter hatte ich jedoch das Interesse daran verloren und die Sauna fast vergessen, obwohl sie direkt an unser Haus grenzte.
Schon auf der Autofahrt hatte der Dobermann im Kofferraum die ganze Zeit aufgeregt gewinselt, jetzt lag er halb auf Danas Schoß und genoss es, von ihr gestreichelt zu werden. Sie sah sich im Wohnzimmer um.
»Hat sich ja nichts verändert.«
Ich nickte.
»Warum auch?«
»Du hast dich auch nicht verändert.«

»Wo hast du deinen Freund gelassen?«
Dana sah aus dem Fenster.
»Der war nie mein Freund.«
Ich zündete mir eine Zigarette an und ging auf den Balkon, sie folgte mir zum Rauchen.
»Besuchst du manchmal Fabio?«
Ich nickte. »Jede Woche.«
»Nimmst du mich mal mit?«
»Immer freitags, nach der Schule.«
»Können wir auch morgen hin? Er hat Geburtstag.«
»Klar.«
Plötzlich stand sie ganz nah vor mir, schaute in meine Augen. Mit ihren Händen fuhr sie über meine Arme, Schultern, kam zu meinem Kopf und wuschelte mir durch die Haare.
»Ich muss los.«
Sie drückte ihre Kippe in den Aschenbecher und ging.

Eine der Pflegerinnen zerteilte die Schokoladentorte, die Dana mitgebracht hatte, in mundgerechte Stücke, dann saßen wir mit Fabios Mitbewohnern zusammen an dem Tisch im Gruppenraum. Alle rissen sich um den Kuchen und schmierten ihn sich beim Essen übers halbe Gesicht.
Der Katzenmensch sprang auf, nachdem er sein Stück verschlungen hatte, und jagte weiter auf allen vieren durch den Raum, wobei er schwarze Schokoladenabdrücke auf dem Boden hinterließ. Als Fabio den letzten

Happen geschluckt hatte, wischte ich ihm den Mund ab. Dana saß neben mir und schaute die meiste Zeit aus dem Fenster. Auch Fabio wirkte nervös, seine Beine wippten ständig auf und ab, sein Blick fuhr hektisch durch den Raum, streifte manchmal Dana.

»Können wir los?«, fragte sie, während wir einer Pflegerin halfen, die Teller und Tassen in die Küche zu räumen. »Ich kann nicht mehr.«

Auf dem Weg zurück sprach sie nicht viel, starrte einfach auf die Fahrbahn vor sich, lenkte den Wagen durch das Schneetreiben. Ich legte meine Hand auf ihre, die den Schaltknüppel fest umklammert hielt, und sie schaute mich kurz an, versuchte zu lächeln.

»Willst du mit hoch?«, fragte ich, als wir vor meinem Haus angekommen waren, doch sie schüttelte den Kopf.

»Morgen?«

Ich nickte.

Es schneite immer noch, als Sascha mich am nächsten Tag von der Schule abholte. Auf der Autobahn überholten wir orange blinkende Räum- und Streufahrzeuge, mehrfach standen Autos mit leuchtenden Warnblinkern am Straßenrand. Sascha hatte sich über das Lenkrad gebeugt und starrte angestrengt in die weiß-graue Suppe vor uns.

»Gott sei Dank haben wir die Heizung, Mann«, meinte er, als wir auf einer der Rheinbrücken in einen Stau gerieten.

»Dana ist wieder da«, sagte ich plötzlich, ohne bestimmten Grund.
»Schon gefickt?« Sascha grinste mich schief an.
»Wir waren bei Fabio, gestern. Er hatte Geburtstag«, fuhr ich fort, als ob ich ihn nicht gehört hätte.
»Ach so«, sagte Sascha mit tonloser Stimme.
Ich wusste, dass ich ihm das alles besser nicht erzählen, lieber schweigen sollte, aber es sprudelte einfach aus mir heraus. Die Spaziergänge, die ich mit Fabio an den Rhein machte, seine spastischen Anfälle, während derer ich seine Hand hielt, beruhigend auf ihn einredete. Die Verrückten in seiner Gruppe, die verschmierte Schokolade in seinem Gesicht.
»Ich will diese Scheiße nicht hören, Mann«, brüllte Sascha plötzlich. »Wenn mich das interessieren würde, würde ich selbst hinfahren. Verstehst du? Will ich aber nicht, mache ich nicht. Fabio gibt es nicht mehr, Mann. Dieser Krüppel ist nicht Fabio, und ich will ihn nicht sehen, verstehst du das?«
»Sorry. Aber ist halt so«, schob er nach ein paar Minuten Schweigen hinterher.
Über manche Sachen hatte man mit Sascha noch nie reden können, das war schon immer so gewesen.
Die Junkies hatten Saschas Auto trotz der Dunkelheit sofort entdeckt, als wir auf den Parkplatz aufgefahren waren, und saßen jetzt nervös auf der Rückbank. Dem jüngeren lief die ganze Zeit die Nase, und er wischte sich die Rotze mit seinem Jackenärmel ab, während

sich der bekannte Geruch im Wageninneren ausbreitete.
Nachdem sie sich mit ihrem Stoff wieder verpisst hatten, fuhr Sascha zu einem Geschäft für Haustierbedarf. Er kaufte eine große Decke, die er auf der Rückbank ausbreitete und zwei Duftbäume für den Rückspiegel.

Dana lag auf dem Sofa und schlief, als ich von einer unserer Fahrten nach Hause kam. Einige Tage zuvor hatte sie mich gefragt, ob sie bei mir lernen könne, während ich in der Schule oder Packs verteilen war. Zu Hause bei ihren Eltern finde sie nicht die nötige Ruhe. Bisher war sie immer gegangen, bevor ich nach Hause gekommen war, hatte manchmal eine Tafel Schokolade oder Zigaretten für mich dagelassen.
Ich ging leise ins Bad und duschte den Siff des Tages von mir ab. Als ich im Bademantel wieder ins Wohnzimmer kam, war sie wach und lächelte mich an.
»Schneit es noch?«
Ich nickte.
Der Dobermann lief schwanzwedelnd herum, steckte seine Schnauze immer wieder in den Schnee. Dana hatte sich bei mir eingehakt, und wir stapften über die Felder. In der Ferne blinkten die roten Warnleuchten an den Schornsteinen der Fabriken, das Rauschen der Autobahnbrücke wurde immer lauter, bis wir genau unter ihr standen.
Auf dem Bahndamm, zehn, vielleicht fünfzehn Meter

von uns entfernt, standen ein paar Rehe, reckten aufgeschreckt ihre Köpfe in unsere Richtung, bevor sie davontrabten. Dana ging zu einem der Brückenpfeiler, winkte mich zu sich heran. Sie zeigte auf ein paar hingesprühte grüne Buchstaben, die von schwarzen Linien umrahmt wurden.

»Erinnerst du dich?«, fragte sie.

Und obwohl ich mich erinnerte, schüttelte ich den Kopf, weil ich wollte, dass sie es erzählte.

»Wir hatten Hausverbot im Hallenbad und sind deshalb immer mit den Fahrrädern ins Freibad da hinten gefahren.« Sie deutete in Richtung der Vorstadt. »Erinnerst du dich?«

Ich nickte.

»Fabio hatte damals seine Sprüherphase. Ständig taggte er alles zu, und keiner traute sich ihm zu sagen, dass alles total beschissen aussah.«

Ich lachte.

»Einmal auf dem Weg zum Schwimmbad wollte er dann unbedingt kurz hier anhalten und was auf den Pfeiler malen. Als er voll dabei war, kam ein Zug vorbei, und obwohl wir uns duckten, hatte uns der Zugführer wohl gesehen. Als Fabio endlich fertig war und wir mit den Rädern weiterfuhren, war plötzlich alles voller Bullen. Du hattest deinen halben Rucksack voller Gras, das du im Schwimmbad verkaufen wolltest, und wir haben ihn und die Sprühdosen im Gebüsch versteckt, sind dann weitergefahren, als wäre nichts gewesen.

Nach hundert Metern wurden wir angehalten und gefilzt. Einer der Bullen hat mich dabei begrabscht, und du hast zu ihm gesagt, dass du ihn finden würdest, wenn er nicht sofort damit aufhören würde. Er hat dir in den Bauch geboxt, doch du hast ihn weiterhin wütend angestarrt, und er hat mich in Ruhe gelassen. Ich war damals ziemlich verliebt in dich. Auch schon davor.«

Die Oberleitungen der Zugstrecke begannen zu knacken, dann rauschte ein Güterzug vorbei. Dana nahm meine Hand, und wir machten uns auf den Rückweg.

»Hattest du eigentlich viele Frauen seit mir damals?«, fragte sie, als wir einige Minuten schweigend durch den Schnee gestapft waren.

Ich schüttelte den Kopf.

»Das hab ich mir schon gedacht.«

Wir fuhren auf den Parkplatz einer Autowaschanlage, wo wir Benni zu einer Übergabe treffen sollten. Seit ein paar Wochen wollte er nicht mehr, dass wir zu ihm nach Hause kamen, stattdessen trafen wir ihn an wechselnden Orten.

Normalerweise war er schon immer vor uns am Treffpunkt, und wir wunderten uns, als wir seinen silbernen BMW nirgendwo entdecken konnten. Sascha parkte in einer Ecke, und ich versuchte Benni zu erreichen, doch nur die Mailbox ging ran.

Ein grüner Toyota fuhr auf den Parkplatz, hielt bei den Staubsaugern. Zwei Männer stiegen aus, begannen das

Wageninnere zu saugen. Durch den Rückspiegel beobachtete ich sie, Sascha hatte sie ebenfalls bemerkt.
»Bullen.« Sascha ließ den Motor an.
Auf einer der Rheinbrücken vibrierte mein Ticker-Handy.
»Kann nicht kommen. Hab Bauchweh«, stand in der SMS von einer anonymen Nummer, unser Codewort für die Bullen. Ich nahm die SIM-Karte aus dem Telefon heraus, zerbrach sie in kleine Stücke und ließ sie aus dem Fenster rieseln.
»Folgt uns noch jemand?«
Sascha zuckte mit den Schultern.
»Halt mal kurz!«
Ich sah dem Telefon nach, wie es schnell in die Tiefe fiel, schließlich dumpf aufklatschte, dann im Wasser versank, das schwarz unter mir dahinfloss.
Während wir weiterfuhren, klebte Saschas Blick im Rückspiegel, und er fuhr einige Schleifen und Irrwege, bis er sich ganz sicher war, dass uns niemand folgte. Gegenüber von meinem Haus, auf der anderen Seite der Schienen, ließ er mich raus. Zum Abschied umarmte er mich fest.
»Viel Glück, Mann!«
Ich nickte.
»Dir auch!«

Dana war nicht da, als ich nach Hause kam. Schnell ging ich in mein Zimmer, zog die Kiste mit den Handys, SIM-Karten und der Waage unter dem Bett hervor, packte alles in einen Rucksack. Dann ging ich ins Bad, entfernte eine Fliese von der Wand unten neben dem Klo, hinter der ich einen Rest Koks und die Streckmittel versteckt hatte.

Durchs Fenster konnte ich nichts Verdächtiges entdecken, mit dem Hund zusammen ging ich trotzdem lieber durch den Keller, der eine Ausgang führte zu dem verwilderten Garten hinter dem Haus. Wir schlugen uns durchs Gestrüpp, und ich hob den Hund über den halb umgekippten Gartenzaun, der die Grenze zum Gelände der Chemiefabrik markierte, kletterte dann hinterher.

Das Autowrack, auf das Fabio damals wegen Julia eingetreten hatte, stand immer noch da. Ich ging daran vorbei zu der Bruchbude, suchte dort nach dem alten Abflussrohr, in dem ich früher manchmal, wenn ich Paranoia geschoben hatte, mein Gras versteckt hatte, fand es und stopfte alles hinein.

Auf dem Rückweg spürte ich etwas Schweres in der Innentasche meiner Jacke und griff hinein. Als ich das kühle Eisen meines Revolvers fühlte, brach ich in heiseres Lachen aus, drehte schnell um und stopfte ihn zu den anderen Sachen.

»Was machst du denn hier?«, fragte Dana, nachdem sie mich in die Wohnung ihrer Eltern gelassen hatte.

»Kannst du den Hund nehmen?«
»Warum?«
»Bis morgen. Übermorgen spätestens.«
»Fährst du weg?«
Ich schüttelte den Kopf, starrte auf meine Schuhe, und sie nahm mir die Leine aus der Hand, brachte den Dobermann in ihr Zimmer.
Zu Hause durchsuchte ich vorsichtshalber noch einmal alles. Zwischen meinen Schulsachen fand ich einen Fünfer Weed, aus dem ich mir zwei Joints baute. Dann wartete ich.

Die Bullen klingelten um fünf Uhr morgens. Das letzte Mal, als sie hier einmarschiert waren, hatten sie die Tür eingeschlagen, weshalb ich ihnen dieses Mal lieber selbst aufmachte.
Nachdem ich geöffnet hatte, packten mich zwei der Bullen, warfen mich auf den Boden, rammten mir ihre Knie in den Rücken und fesselten meine Hände mit Kabelbindern. Dann warfen sie mich aufs Sofa, und einer wedelte mit dem Durchsuchungsbefehl vor meinem Gesicht herum.
In den anderen Räumen hörte ich es krachen und splittern, dann kamen sie ins Wohnzimmer, zerlegten auch dort alles in Einzelteile. Ich wandte meinen Blick ab und schaute an dem Bullen, der mich die ganze Zeit bewachte, vorbei aus dem Fenster. Es schneite nicht mehr.

Dana brachte den Hund am nächsten Morgen vorbei und half mir beim Aufräumen, ohne Fragen zu stellen. Wir saugten den ausgeschütteten Zucker aus der Spüle, schmissen die aufgeschlitzten Sofas vom Balkon runter zu den Mülltonnen, ordneten die zerwühlten Papiere, schraubten den Fernseher wieder zusammen, die Regale an der Wand fest.
Als wir fast alles geschafft hatten, kam Sascha vorbei. Er schaute sich um und nickte anerkennend.
»Sieht ja schon wieder gut aus.«
»Und bei dir?«
»Frag nicht, Mann. Katastrophe. Und meine Mutter kommt morgen zurück.«
»Hilf ihm doch«, schlug Dana vor. »Ich schaff den Rest hier alleine.«

Wir verließen den Aufzug und gingen den Flur entlang zu seiner Wohnungstür, dabei fiel mir auf, wie lange ich schon nicht mehr bei Sascha zu Hause gewesen war. Als Kind war ich oft nach der Schule, wenn mein Vater noch arbeitete und meine Mutter mal wieder im Krankenhaus lag, mit zu ihm gekommen. Seine Oma, die damals noch lebte, hatte für uns gekocht, nach dem Essen hatten wir stundenlang Nintendo gezockt oder auf dem Sportplatz nebenan gekickt.
Jetzt sah es aus wie ein Trümmerfeld, trotzdem hatte Sascha Glück gehabt, weil sein Vater gerade auf Montage, seine Mutter bei Verwandten in Kroatien war. Als

ich im Schlafzimmer seiner Eltern die Matratze wieder aufs Bett schob, fiel mein Blick auf ein gerahmtes Foto, das die Bullen von der Wand genommen und auf den Boden geschmissen hatten. Es zeigte meine Eltern, mich, Sascha und seine Eltern vor dem Asylantenheim in Mainz.

Sascha und ich waren auf dem Bild vielleicht vier, fünf Jahre alt und saßen auf den Schultern unserer Väter. Im Hintergrund konnte ich den Basketballkorb erkennen, auf den wir jeden Tag stundenlang mit einem Fußball geworfen hatten. Ich erinnerte mich an die großen Gruppenräume, daran, dass mein Vater von unseren Landsleuten oft angespuckt und geschlagen worden war, weil er mit Saschas Vater befreundet war. Er hatte alldem keine Aufmerksamkeit geschenkt.

»Ich bin seit zwanzig Jahren mit Zoltan befreundet, und neunzehn Jahre hatte damit keiner ein Problem. Was wollen die jetzt? Ist doch alles nur Politik. Scheiß Politik, verstehst du?«

Mein Vater ermutigte mich dazu, auch weiterhin mit Sascha zu spielen, obwohl ich dafür von den anderen Kindern Schläge und Tritte kassierte.

Eine der Sozialarbeiterinnen hatte schließlich Mitleid mit uns und verschaffte uns die Wohnungen am Dorfrand. Die ersten Jahre hatten wir fast ohne Möbel gelebt, meine Eltern arbeiteten schwarz in irgendwelchen Drecksjobs, doch irgendwie waren wir glücklich. Mein Vater pflückte dauernd Blumen im Park aus den Rabat-

ten und schenkte sie meiner Mutter, ständig küssten sie sich.
»Wie frisch Verliebte«, hatte Saschas Mutter immer lachend gesagt.
Ich lernte in der Schule schnell Deutsch, ging mit meinen Eltern zu den Ämtern, zum Arzt, einkaufen, überallhin. Abends saßen wir oft zusammen im Wohnzimmer, ich brachte ihnen neue Wörter bei, verbesserte sie, wenn sie Fehler machten.

Nach den Aufräumarbeiten schlenderte ich nach Hause. Die Sonne schien, und mir fiel auf, dass manche Bäume schon kleine grüne Blätter hatten. Nach ein paar Minuten begann ich zu schwitzen, hängte mir die dicke Jacke über die Schulter.
Durch diesen Teil des Ortes mit seinen schicken Häusern und gepflegten Vorgärten kam ich selten. In der Grundschule hatte ich hier ein paar Freunde gehabt, doch wir hatten uns längst aus den Augen verloren. Manchmal sah ich sie noch bei Plus oder am Bahnhof, aber wir taten so, als ob wir uns nicht kennen würden. Vielleicht hatten sie mich auch einfach vergessen.
Im Zentrum des Ortes kam ich an der Spielothek vorbei, die sich in einem ehemaligen Supermarkt eingenistet hatte. Über ihrem Eingang prangte noch der alte Schriftzug, der für Obst, Gemüse und die Frischetheke warb. Ich drückte auf den Klingelknopf, wartete, bis der Summer ertönte. Drinnen war es stockdunkel, nur das

Leuchten der Automaten erhellte den Raum, und ich brauchte kurz, bis sich meine Augen daran gewöhnt hatten.
Der Laden war leer bis auf zwei, drei Leute, die ich nicht kannte. Gerade wollte ich wieder gehen, als Uğur und seine Freundin die Wendeltreppe von den Toiletten unten heraufkamen. Uğurs Augen lagen in tiefen Schatten, wanderten amphetaminverseucht schnell hin und her, während wir uns die Hand gaben. Seine Freundin drückte mir einen Kuss auf die Backe, und mir fiel auf, wie dünn und knochig sie geworden war.
»Wollen wir eine rauchen?«
Ich deutete mit dem Kopf in Richtung Ausgang. Uğur nickte, während seine Freundin sich an einem der Automaten zu schaffen machte.
»Lange nicht gesehen«, sagte er, als wir draußen in die Sonne blinzelten.
»Ja, fast ein Jahr.«
»Viel Scheiße passiert in der Zeit.«
Ich nickte.
»Aber ihr macht jetzt fett Kohle, ja?«
Ich zuckte mit den Schultern.
»Muss jeder über die Runden kommen.«
»Hast du was mit?«
Ich schüttelte den Kopf.
»Grade nix am Start.«
Er grinste mich schief an.
»Fick mich nicht, ja?«

»Ist 'ne Tatsache.«
»Ist da wieder alles o. k.?« Ich deutete mit meiner Kippe auf seinen Kopf.
Bei der Schlägerei mit den Russen hatte Uğur einen Basey gegen den Kopf bekommen, war wochenlang mit einem weißen Verband um den Schädel herumgelaufen.
»Alles gut.«
Er klopfte seine Hosentaschen ab, zog schließlich eine Sonnenbrille hervor, setzte sie auf.
»Weißt du, eine Sache hab ich niemandem erzählt damals. Wegen Paranoia und so.«
Ich sah ihn fragend an.
»Mein Cousin hat mich weggeschleift, als die Bullen kamen. Dann hab ich unten vor der Turnhalle gelegen, bis die Bullen auch dahin gekommen sind und ich mich schnell verpissen musste. Mein Cousin ist irgendwo anders hingerannt, Chaos halt.«
Er zog hektisch an seiner Zigarette, stieß den Rauch wieder aus.
»Ich bin dann in die Tiefgarage da auf dem alten Fabrikgelände und hab mich hinter ein Auto gelegt. Mein Schädel hat so gedröhnt, Alter. Plötzlich hör ich so ein Gekicher in der Nähe und denk so, ihr seid das oder sonst wer, und geh leise hin. Aber dann war da der Hurensohn, der mir die Keule übergezogen hatte, und seine scheiß Freundin, Mann. Der Wichser hatte seine Freundin dabei.«

Uğurs Zigarette war fast bis zum Filter heruntergebrannt, und er zündete sich an ihr die nächste an.

»Ich bin auf den gesprungen, hab so lange draufgehauen, bis er sich nicht mehr bewegt hat. Seine scheiß Freundin hatte plötzlich Pfefferspray in der Hand, wollte mir das in die Fresse sprühen, aber sie hatte diese kleine Kappe nicht abgemacht, die immer dran ist, wenn die neu sind, weißt du? Also hab ich ihr eine verpasst und die Dose weggenommen. Sie hat geschrien, und ich hab ihr einfach so 'nen Strahl ins Maul gesprüht. Dann hat sie noch mehr geschrien, und ich hab ihr so hier hinten an den Kiefer gefasst, dass sie die Fresse wieder aufmachen musste. Hab ihr die halbe scheiß Dose da reingesprüht, bis sie nur noch gewürgt und gekotzt hat.«

»Alter …«, entfuhr es mir.

Uğur sah plötzlich vom Boden auf, schob seine Sonnenbrille hoch, starrte mir direkt in die Augen.

»Ich dachte, die verrecken beide. War mir sicher, richtig sicher. Aber die sind nicht draufgegangen. Hab scheiß Glück gehabt. Wir haben alle Glück gehabt.«

Ich nickte.

»Das bleibt unter uns. Hast du mich verstanden?«

Wieder nickte ich.

»Hast du wirklich nix?«

»Nee, Mann.«

»Denk mal an mich, wenn wieder was geht. Ihr könnt doch nicht eure alten Freunde vergessen!«, sagte er und zwinkerte mir zu, als er wieder im Dunkeln verschwand.

Mein Handy klingelte. Sascha.
»Komm sofort wieder her!«
»Warum?«
»Komm einfach, Mann!«

Aufgeregt stand Sascha vor seiner Garage, packte mich an der Schulter und zog mich durch das halb heruntergelassene Tor nach drinnen. Nachdem sich meine Augen an die Dunkelheit gewöhnt hatten, entdeckte ich die Eule, die bewegungslos auf einer Langhantel saß und uns anstarrte.
»Fuck! Was macht die denn hier?«
Sascha lachte kurz schrill auf, die Eule zuckte zusammen. Er senkte seine Stimme.
»Keine Ahnung, Mann, die war hier einfach. Die Tür hinten war nur angelehnt. Wegen dem Schweißgestank. Hab versucht die rauszukriegen, aber die will nicht. Ich glaub, die ist behindert oder so.«
Er deutete auf ihren linken Flügel, der etwas weiter herunterhing als der andere, schlaff wirkte.
»Was machst du mit der?«
Sascha musste wieder lachen.
»Keine Ahnung, Mann. Erst mal behalten, glaub ich.«
Als mein alter Nachbar im Krankenhaus gelegen hatte, waren seine Hühner von irgendeinem Bauern abgeholt worden. Ich hatte ihren Stall damals abgebaut, den Draht und die Pfeiler in den Keller gestellt. Wir holten alles hoch, stopften es in Saschas Auto.

Auf dem kleinen Stück Wiese hinter seiner Garage bauten wir den Hühnerstall wieder auf.
»Die braucht Auslauf«, hatte Sascha gemeint.
Als wir fertig waren, fuhr Sascha los, um eine Katzenklappe zu besorgen, die er in die Garagentür einbauen wollte.
»Dann kann sie rausgehen zum Kacken und so.«
Keine Ahnung, ob das wirklich so einfach sein würde, aber ich sagte nichts.
Während Sascha unterwegs war, setzte ich mich auf einen Hocker und beobachtete das Tier, das immer noch auf der Hantelstange saß. Es schaute mich aus großen gelben Augen fest an, manchmal machte es ein leises Geräusch, das wie ein erstickter Schrei klang. Nach einer Weile hüpfte die Eule von der Stange auf den Boden, näherte sich mir langsam.
Ein paar Schritte vor mir blieb sie stehen und ließ plötzlich einen markerschütternden Schrei los. Dann hüpfte sie über die Bank wieder auf die Stange, starrte in die andere Richtung, gegen die Wand.

Siehst du mich?«, fragte mein Vater und blickte unsicher in die Webcam.

»Ja, ich seh dich gut.«

»Siehst du mich?«

»Ja!«

»Ich hör dich nicht! Sag mal was!«

»Ist der Ton an?«

»Sag mal was!«

»Ist der Ton an? Hörst du mich jetzt?«

»Diese scheiß Computer!«

Er stand auf und ging aus meinem Blickfeld. Dann sah ich einen pickeligen Jungen, vielleicht vierzehn, fünfzehn Jahre alt, an den Computer kommen. Er drückte auf den Tasten herum.

»Sag mal was!«, meinte er auf Bosnisch.

»Hört ihr mich?«, sagte ich, und mein Vater klatschte in die Hände.

»Bravo! Hörst du uns?«

Ich nickte. Der Junge hob zum Abschied seine Hand und verschwand.

»Wer war das?«

»Der Sohn einer Bekannten.«

Er kam näher an den Bildschirm heran.
»Alles beim Alten in der Wohnung? Passt du gut auf sie auf?«
»Ja, alles beim Alten.«
»Gut, gut. Wann kommst du mal zu Besuch? Wir müssen mal reden, verstehst du?«
Ich nickte.
»Hast du nicht bald Ferien, oder so?«
»Muss da lernen. Fürs Abi.«
»Ja, das ist gut, dass du Abi machst. Sehr gut. Erzähl ich immer allen hier!«
Er lächelte. Hinter ihm konnte ich grobkörnig die Küche erkennen. Eine Frau trat ein, öffnete eine Schublade. Ich beugte mich vor zum Bildschirm, konnte außer ihren schwarzen, langen Haaren jedoch nichts erkennen.
»Wer ist das?«
»Wer ist was?«
Ich deutete auf den Bildschirm.
»Hinter dir. In der Küche.«
Mein Vater drehte sich ruckartig um, dann wurde er rot.
»Wie gesagt, es gibt viel zu reden. Du musst bald herkommen.«
»Ja, nach dem Abi komm ich.«
»Gut.«
Nachdem wir noch eine Weile über dies und das gesprochen hatten, klappte ich Danas Laptop wieder zu. Ich ging ins Bad, wo sie in der Wanne lag, setzte mich

auf den Rand. In all dem weißen Schaum sah sie wunderschön aus.
»Wie war's?«
Ich zuckte mit den Schultern.
»Soll ihn besuchen.«
»Und, willst du?«
Wieder zuckte ich mit den Schultern.
»Ich muss.«
»Geht es ihm gut?«
»Keine Ahnung, denke schon.«

Vor dem Drahtverhau der Eule standen ein paar Kids aus der Siedlung.
»Wo ist sie denn?«, fragten sie und deuteten auf die leere Wiese. Ich zeigte auf die Garage und schob das Eisentor nach oben, wollte sie hinter uns reinlassen, doch Sascha bedeutete mir, das Tor schnell wieder zu schließen.
»Sie muss sich konzentrieren.«
Sascha zeigte auf die Eule, die auf der Hantelstange saß und wie gebannt in eine Ecke starrte. Ich folgte ihrem Blick, bis ich die weiße Maus sah, die hinter ein paar Gewichten in Deckung gegangen war.
»Weiß gar nicht, ob die das noch kann«, meinte Sascha leise. »Wegen dem kaputten Flügel.«
Die Eule starrte weiter auf die Maus, bewegte sich jedoch keinen Zentimeter. Nach einer halben Stunde hatte sich die Maus schließlich in einem alten Turnschuh in

Sicherheit gebracht, während die Eule immer noch unbeweglich dasaß. Sascha atmete genervt aus, schnappte sich den Schuh und ging nach draußen. Kurz darauf gab es einen dumpfen Knall, dann kam er wieder herein, die tote Maus, deren Kopf jetzt nur noch Matsch war, an ihrem Schwanz in der Hand. Er warf sie in Richtung der Eule, die noch kurz abwartete, dann von der Stange hüpfte und sich an dem Kadaver zu schaffen machte.

Von Saschas Balkon aus konnte man die Half-Pipe sehen, die ein paar Hundert Meter weiter vor sich hin gammelte. Rote Absperrbänder flatterten im Wind, sie war schon lange nicht mehr in Betrieb. Früher hatten sich dort immer die Skater getroffen, und wir hatten oft bei ihnen abgehangen, Weed an sie verkauft. Wir waren damals kleine Pisser gewesen, gerade vierzehn, fünfzehn Jahre alt.

Eines Nachmittags hatten wir dort mal wieder ein paar Scheine gemacht, als Fabio auf seinem Mofa vorbeigekommen war.

»Alter, in New York sind zwei Flugzeuge in so ein Hochhaus geflogen. Terroristen!«, hatte er aufgeregt gerufen, doch wir hatten ihm nicht geglaubt.

Später waren dann ein paar Kunden gekommen, die uns dasselbe erzählt hatten, und ich war mit Sascha in das Schwimmbad nebenan gegangen, in dessen Restaurant immer der Fernseher lief. Vor dem Bildschirm hatten ein paar Leute gestanden, manche tropfend nass

in Badehose oder Bikini. Alle starrten auf die Bilder der brennenden Türme, kaum jemand redete.
»Was fällt denn da immer runter?«, hatte eine alte Frau ihren Mann gefragt.
»Was?«
»Diese kleinen schwarzen Punkte.«
Ich hatte genauer hingeschaut und erkannt, dass es Menschen waren.
»Alter, wie lange brauchst du denn zum Bauen?« Sascha setzte sich zu mir nach draußen.
Erst jetzt fielen mir wieder die Papes und das Gras auf meinem Schoß ein.

Die Sonne schien jetzt öfter, verdrängte nach und nach den Regen. Dana und ich hatten das erste Mal in diesem Jahr auf dem Balkon gefrühstückt, rauchten unsere Morgenzigaretten, während wir in den Innenhof schauten. Dort arbeiteten Männer mit Bauhelmen und in Warnwesten, schlugen an manchen Stellen den Putz von der Außenwand, befühlten die Mauer.
»Was die wohl machen?«, fragte Dana, und ich zuckte mit den Schultern.
»Vielleicht streichen die neu oder so.«
»Ja, würde nicht schaden.«
Mein Blick wanderte zur Straße. Die Lkw standen dort, so weit man sehen konnte, Stoßstange an Stoßstange und warteten auf den Einlass in die Chemiefabrik. Als ich fast aufgeraucht hatte, sah ich, wie Saschas Mer-

cedes sich wild hupend seinen Weg durch den Stau bahnte.
Wir fuhren zu zweit in Richtung der Berge, zu denen wir sonst nie kamen. Die Felsen, die tiefen Wälder und die verschlungenen Straßen erinnerten mich an das, was für mich Bosnien war.
»Alter, wo wohnt dieser Spast denn jetzt?«, zischte Sascha, als uns in einer der engen Kurven ein Lastwagen entgegenkam.
Nach einer Stunde Fahrt führte uns das Navi auf einen Waldweg, der stetig steiler anstieg. Saschas Reifen drehten auf dem sandigen Untergrund durch, und er musste mehrmals Anlauf nehmen, um die letzten Meter bis zur Einfahrt hochzukommen. Als wir auf den Hof fuhren, umringten sofort drei kläffende Rottweiler das Auto, denen der Sabber aus dem Maul lief. Benni kam aus einem der Schuppen neben dem verwahrlosten Wohnhaus, blickte mit zusammengekniffenen Augen in das Wageninnere und pfiff dann die Hunde zurück. Nachdem er sie in ihren Zwinger gesperrt hatte, begrüßten wir ihn per Handschlag.
»Wo bist du denn hier gelandet? Arsch der Welt, oder was?«, fragte Sascha.
»Hat 'nem Kunden gehört. Jetzt ist es meins.« Benni grinste.
Wir saßen im Wohnzimmer des Bauernhauses, alte, dunkle Holzmöbel standen herum, und Jesus-Bilder hingen an der Wand. Vor einem Röhrenfernseher saß

ein Kumpel von Benni, zockte *FIFA*. Er nickte uns kurz zu, vertiefte sich wieder in sein Spiel.
Neben dem Fernseher stand ein weiterer Monitor, auf dem die Bilder von Überwachungskameras vor sich hin flimmerten, die das ganze Grundstück aufzunehmen schienen.
»Ich muss euch was zeigen.«
Wir folgten Benni eine Treppe hinunter in den Keller. Er öffnete eine Tür, und plötzlich standen wir auf einer alten Kegelbahn.
»War mal 'ne Kneipe hier. Ist aber kaputt. Haben sie bisschen umfunktioniert deshalb.«
Erst jetzt bemerkte ich die Zielscheiben, die am Ende jeder Bahn aufgestellt waren. Benni ging zu einem Metallschrank, kam mit einem Gewehr in der Hand zurück.
»Is' 'ne scheiß Schatzgrube, dieses Haus. Was hier alles rumfliegt.«
Ich hatte mir einen Gehörschutz aufgesetzt, Sascha und Benni hielten sich die Ohren mit den Fingern zu. Ich visierte die Zielscheibe an, atmete langsam aus, schoss. Der Knall drang durch die Kopfhörer wie ein dumpfes Grollen, der Rückstoß war leichter als gedacht. Ich drückte noch einige Male ab, bis mir Sascha auf die Schulter klopfte und ich das Gewehr an ihn weiterreichte.
Als wir wieder im Wohnzimmer saßen, legte Benni das Koks auf die Waage, es waren genau zweihundert

Gramm. Bevor wir wieder fuhren, gingen wir mit Benni noch eine Runde über das Grundstück, an dessen Rand ein dichter Wald aus Nadelbäumen begann. Ich musste pissen und lief zwischen die Tannen. Es roch so wie früher in unserem Wohnzimmer, wenn mein Vater kurz vor Weihnachten einen Tannenbaum aufgestellt hatte.
»Macht man so in Deutschland«, hatte er einmal lachend erwidert, als einer seiner Brüder, der aus Bosnien zu Besuch war, gefragt hatte, was das solle.

Sobald das Koks wieder in meiner Wohnung lag, begann ich schlecht zu schlafen. In den ersten Nächten wurde ich alle zehn, zwanzig Minuten wach, ging ans Fenster, um zu schauen, ob die Bullen wieder unten standen. Ich glaubte, Schritte im Treppenhaus zu hören, und immer, wenn der Hund auf das Bett sprang, schreckte ich hoch. Dana war wegen irgendwelcher Unisachen ein paar Tage bei einer Freundin in Frankfurt, was die Sache nicht unbedingt besser machte. Irgendwie schaffte ich es trotzdem jeden Morgen zum Zug, ließ mich neben Hussein auf den Sitz plumpsen und fiel während der Fahrt in einen tiefen Schlaf.
»Was machst du eigentlich nach dem Abi?«, fragte er mich, als wir in einer der Pausen kiffend neben dem Sportplatz standen. Dabei sah er mich aus seinen kleinen, zusammengekniffenen Augen an, bei denen man nie wusste, ob er etwas ernst meinte oder einen gerade verarschte.

»Weiter wie bisher, denk ich mal.«
Er nickte.
»Was machst du?«
Hussein zog genüsslich am Joint und inhalierte tief.
»Wir könnten studieren«, sagte er schließlich, während der Rauch langsam durch seinen Mund und seine Nase entwich.
»Warum?«
»Na ja, was machen wir hier seit drei Jahren?«
Ich zuckte mit den Schultern.
»Wir gehen zur Schule.«
»Wir erwecken den Anschein, als ob wir zur Schule gingen«, verbesserte er mich lächelnd. »Wir lernen hier wenig bis nichts, erhoffen uns nichts davon, aber wir geben den Leuten um uns herum das Gefühl, dass wir das tun, was Leute in unserem Alter eben so zu tun haben – in die Schule gehen.«
Hussein gab mir den Joint zurück.
»Haben deine Eltern Geld?« Ohne meine Antwort abzuwarten, fuhr er fort. »Natürlich haben sie kein Geld. Das bedeutet, dass du sogar noch jeden Monat Geld vom Staat kriegen würdest für dein vermeintliches Studium. So wie ich. Alle wüssten: Sie studieren und leben von BAföG. Niemand würde sich fragen, was wir wirklich machen.«
»Aber was sollen wir studieren?«
Hussein grinste noch breiter.
»Das, was aufstrebende junge Menschen eben studie-

ren. BWL.« Ich nickte, und Hussein hielt mir seine Hand hin.
»Bist du dabei?«
Ich schlug ein.

Sascha holte uns nach Schulschluss ab, und wir setzten Hussein auf dem Weg zu einem Kunden am Bahnhof ab. Hussein hatte, wie immer in Saschas Anwesenheit, kein Wort gesprochen und sich schließlich mit einem leisen »Tschüss« verabschiedet.
Kaum war er außer Sichtweite, ließ Sascha alle Fenster herunter und atmete laut aus.
»Alter, warum stinkt der so?«
Ich zuckte mit den Schultern.
»Der ist schon o. k.«
Aus den Schornsteinen der Fabrik, die gleich neben dem Bahnhof begann, quoll dicker weißer Rauch, und der dichte Verkehr auf den Straßen kündigte den baldigen Schichtwechsel an. Wir achteten seit der Razzia noch mehr darauf, uns in diesen Stoßzeiten zu bewegen, um in der Masse unterzugehen.
Wir verließen die Schnellstraße und bogen in einen kleinen geteerten Weg ein, der mitten durch einen Weinberg führte. Von hier oben reichte der Blick über die ganze Stadt bis auf die andere Seite des Rheins, in den Taunus. Wir fuhren auf den Hof eines Anwesens, das aus einem großen Haus, ein paar Schuppen und Pferdeställen bestand.

Eine Angestellte öffnete uns, führte uns in das Arbeitszimmer. Während wir in tiefen Ledersesseln auf den Erben warteten, ließ ich meinen Blick über die Wände schweifen, an denen alte Schwarz-Weiß-Fotografien hingen. Stolze Männer mit Schnurrbärten standen vor alten Autos, schauten ernst in die Kamera. Der Erbe hatte uns einmal erzählt, dass einer dieser Männer sein Urgroßvater war.

»Na Jungs, wie laufen die Geschäfte?«, fragte er, als er den Raum betrat.

Sascha antwortete wie immer: »Könnte schlechter laufen.«

Ich legte das Koks auf den Tisch, und er begann in seinem Schreibtisch nach Geld zu wühlen.

»Nächstes Wochenende gebe ich hier 'ne Party.« Dabei zählte er die Hunderter auf den Tisch. »Da brauch ich hundert Gramm. Geht das?«

Wir nickten.

»Seid dann natürlich auch eingeladen! Will euch eh schon länger mal ein paar Leute vorstellen!«

Während Sascha Gewichte drückte, stand ich rauchend in der offenen Hintertür der Garage. Die Eule humpelte an mir vorbei auf das umzäunte Stück Wiese, blieb direkt vorm Zaun stehen und starrte in Richtung Wald.

Vor der Garage ertönte ein Pfiff, und Sascha stand auf, öffnete das Tor. Wir hatten Uğur und seinem Cousin schon Dutzende Male gesagt, dass sie nicht zu uns nach

Hause kommen sollten, doch Endkonsumenten konnte man sagen, was man wollte, sie kamen trotzdem.

»Was hab ich euch gesagt?«

Sascha ließ das Tor hinter ihnen wieder nach unten, doch die beiden starrten nur schweigend auf den Boden.

»Dass ihr nicht hierherkommen sollt. Ruft an, wenn ihr was wollt! Wie die andern auch.«

»Ey, Bruder«, fing Uğur mit seiner heiseren Stimme an. »Wir waren eh grade in der Nähe. Musst dir doch nicht immer den Weg machen.«

Sascha schüttelte den Kopf.

»Alter, wenn meine Nachbarn euch scheiß Junkies hier sehen ...«

»Was scheiß Junkies?«, schrie Uğurs Cousin plötzlich und griff nach einer Hantelstange, machte dann einen Schritt auf Sascha zu. Der wich nicht zurück.

»Leg die wieder hin!«, zischte er. »Jetzt!«

Der Cousin funkelte ihn noch einmal hasserfüllt an, dann erschlaffte sein Arm, und er ließ die Stange kraftlos zu Boden fallen. Uğur murmelte was von mangelndem Respekt, während er sein Koks bekam und Sascha das Geld gab. Um die Stimmung aufzulockern, fragte ich ihn nach seiner Freundin, doch er winkte ab.

»Keine Ahnung, wo die Fotze ist. Hat sich verpisst.«

Dana lachte viel, als sie aus Frankfurt zurückkam. Ihre Prüfungen waren gut gelaufen, jetzt war das Semester zu Ende. Trotzdem saßen wir in den folgenden Tagen oft zusammen am Esstisch im Wohnzimmer. Sie schrieb an irgendwelchen Hausarbeiten, während ich den Stoff für meine Abiturprüfungen überflog. Dazwischen standen wir zusammen auf dem Balkon, rauchten Joints oder Zigaretten. Manchmal fickten wir.

Ich zog gerade meine Hose wieder an, da klingelte Sascha. Als ich herunterkam, stand er rauchend vor seinem Auto. Er trug einen Carlo-Colucci-Pullover, eine Anzughose und Mokassins, um seinen Hals hing eine dünne Goldkette. All dies hatte ich noch nie an ihm gesehen, nur seine prall gefüllte Bauchtasche kannte ich gut.

Unterwegs hupte er an roten Ampeln schöne Frauen neben uns an und pfiff zur Musik aus dem Radio.

Als wir auf dem Anwesen geparkt hatten und an den Pferdeställen vorbei zum Haus gingen, hörten wir Klaviermusik und Stimmen, die aus dem Garten dahinter zu kommen schienen. Ein Kellner trat auf uns zu.

»Ja, bitte?«

»Wir sind geladene Gäste«, meinte Sascha augenzwinkernd und schob ihn sanft zur Seite.

Der Mann folgte uns aufgeregt und verpisste sich erst, als der Erbe uns begrüßte.

»Wie laufen die Geschäfte?«

Er schob uns in sein Büro. Sascha öffnete seine Bauchtasche und legte den Packen auf den Schreibtisch. Der Erbe schnitt ihn mit einem Brieföffner auf und rieb sich etwas Koks in das Zahnfleisch.

»Eure Qualität …«, sagte er und schnalzte zufrieden mit der Zunge.

Mit einer Hand öffnete er eine Schublade und warf ein Bündel Fünfhunderteuroscheine auf den Tisch.

»Bleibt ihr noch? Es gibt gleich Essen, außerdem will ich euch noch jemanden vorstellen.«

Wir bedienten uns am Buffet und setzten uns an einen der Tische auf der Terrasse. Es war noch nicht viel los, ein paar Männer und Frauen standen vor dem Buffet herum, unterhielten sich, im Garten schritten zwei Männer mit dicken Zigarren auf und ab.

Ein Mann mit grauen Haaren kam zusammen mit dem Erben auf uns zu.

»Das ist Albert«, meinte der Erbe und verschwand wieder.

»Wollen wir uns mal die Beine vertreten?«, fragte der Alte, wir nickten.

An einer Pferdekoppel lockte er die Viecher zu sich und klopfte einem auf die Seite.

»Schöne Tiere. Mögt ihr Partys?«

Ich zuckte mit den Schultern.

»Kommt drauf an«, meinte Sascha.

»Ich hasse Partys. All das nutzlose Geschwätz.«

Albert ließ von dem Pferd ab und drehte sich zu uns um.

»Wart ihr mal im Knast?«
Ich nickte.
»Nur Arrest«, meinte Sascha.
»Wie lange warst du drin?«
»Zwei Jahre. Jugendvollzug.«
»Ich drei Jahre. Bei den Großen. Vielleicht ist mir da das Reden vergangen.«
Ich nickte. Als wir wieder die Einfahrt erreichten, deutete er auf einen schwarzen Mercedes.
»Da sitzt mein Fahrer drin. Er hat meine Karte. Ruft mich die Tage mal an, ja?«
»Was war das jetzt?«, fragte ich Sascha, als wir auf die Autobahn auffuhren.
»Vielleicht der Jackpot.«
Und Sascha pfiff wieder zur Musik aus dem Radio.

Am Bahnhof in unserem Dorf hörten wir einen lauten Pfiff. Uğur kam aus der Billard-Kneipe gerannt und bedeutete uns wild gestikulierend, dass wir anhalten sollten. Er kam ans Beifahrerfenster und fragte mich völlig außer Atem, ob wir was dabeihätten.
»Ihr sollt anrufen, wenn ihr was wollt. Was verstehst du daran nicht?«
»Kein Guthaben, Mann«, meinte er mit schiefem Grinsen, während seine Augen unruhig hin und her wanderten.
Sascha schüttelte den Kopf.
»So läuft das nicht.«

Er ließ die Scheibe wieder nach oben gleiten und beschleunigte, doch Uğur lief neben dem Wagen her und trommelte mit den Fäusten gegen das Glas.
»Fick mich nicht«, schrie er durch das geschlossene Fenster. »Bitte fick mich nicht!«
»Du kleiner Hurensohn!«, stieß Sascha wütend aus, bremste scharf, ließ das Fenster wieder herunter und warf Uğur ein Päckchen Koks ins Gesicht.
Es prallte an ihm ab und landete auf meinem Schoß. Uğur wollte danach greifen, doch ich legte schnell meine Hand darüber, rieb Daumen und Zeigefinger aneinander. Während Uğur ein paar Scheine aus seiner Hosentasche herauskramte, nahm Sascha sich den Packen wieder, holte aus und warf ihn erneut an dessen Kopf.
»Warum seid ihr immer so dumme Wichser?«
Uğur hob das Koks vom Boden auf.
»Weil du uns ficken willst!«, sagte Sascha. »Weil du ein scheiß Junkie bist. Komm nie wieder in meine Nähe, sonst bring ich dich um!«
Uğur spuckte in unsere Richtung aus, bevor er fluchend zur Kneipe zurückging.
»Kann die Spasten echt nicht mehr sehen«, murmelte Sascha, als er wieder beschleunigte.
Ich nickte.

Fabio saß in einem Korbsessel, der an einem Haken in der Decke hing und langsam hin- und herschaukelte. Sein Blick ruhte auf der weißen Wand gegenüber, während ich ihm seine Schuhe anzog und Dana den Rollstuhl holte.

Am Fluss setzten wir uns in den Schatten eines großen Baumes und blickten auf das Wasser, auf dem Hochbetrieb herrschte. Große weiße Ausflugsschiffe, die Besuchermassen an den Burgen und Schlössern vorbeibugsierten, reihten sich an kleine, schnelle Motorboote, hinter denen Menschen auf Wasserski über die Wellen flogen. An einem kleinen Strand spielten Kinder, bauten Sandburgen, spritzten sich mit Wasser nass. Plötzlich gab Fabio ein lautes Jaulen von sich, wippte hektisch mit dem Kopf, während er Dana anstarrte.

»Kann ich mal neben ihn?«

Wir tauschten Plätze. Als sie nach seiner Hand griff, wurde er sofort still. Ich schaute wieder aufs Wasser, wo sich gerade jemand auf Wasserski schleudernd überschlug, dann wild strampelnd im Fluss landete. Alle am Ufer lachten, und ich bildete mir ein, dass auch Fabio grinste.

Nachdem die letzte Prüfung gelaufen war, saß ich mit Hussein auf einer Bank im Pausenhof. Unsere Mitschüler rannten in Abishirts mit Eisteepackungen in der Hand herum, in die sie heimlich Wodka geschüttet hatten. Aus einem Ghettoblaster dröhnte Musik. Ein

paar von ihnen versperrten die Eingangstür mit einem Abschleppseil, während andere das große Eingangstor mit Klopapier einwickelten.
Hussein hatte einen Laptop auf dem Schoß und klickte sich durch die Anmeldung der Uni. Immer wieder schaute er hoch, beobachtete das Geschehen, schüttelte den Kopf.
»Am schlimmsten sind die, die nur aufbegehren, wenn es erlaubt ist. Vor denen muss man die meiste Angst haben.«
Ein Klassenkamerad bot uns einen Schluck aus seiner Eisteepackung an, doch wir schüttelten beide den Kopf, woraufhin er leicht schwankend abzog.
»Passiert hier heute noch was?«, fragte ich Hussein.
»Nichts, was wir miterleben wollen.«
Da noch keine Busse fuhren, gingen wir die zwei Kilometer zum Bahnhof zu Fuß. Nach ein paar Minuten überquerten wir die Hochbrücke, die ein riesiges Fabrikgelände überspannte. Hussein blieb stehen und deutete auf eines der Gebäude unter uns. Ich erkannte hinter den Fenstern Tische mit Mikroskopen, an denen Menschen saßen, die Gesichter mit Atemschutzmasken verdeckt. Dann ließ Hussein seinen ausgestreckten Arm über das ganze Areal wandern.
»Hier werden sie alle versickern, wenn sie ihren Rausch ausgeschlafen haben. Die Dummen als Pförtner oder Lagerarbeiter, die etwas Schlaueren im Labor, in der Verwaltung, die ganz Schlauen im Management. Sie

werden auf Beförderungen hoffen, mal eine bekommen, mal nicht. Das wird ihr Leben sein.«

Ich glaubte zu wissen, was er meinte. Ab meinem zehnten Lebensjahr hatte ich einem Nachbarn beim Austragen von Zeitungen geholfen und dafür jede Woche ein paar Mark von ihm bekommen. Die Verteilrunden zogen sich meist endlos dahin, im Sommer schwitzte und im Winter fror ich. Als ich ein paar Monate lang das Geld gespart hatte, kaufte ich mir einen Walkman, der alles etwas erträglicher machte.

Mit vierzehn schmiss ich den Job und fing bei einem Gartenbau-Unternehmen an. Mit einem alten Polen fuhr ich zweimal in der Woche, in den Ferien jeden Tag, in einem orangefarbenen Lastwagen herum. Wir wuchteten die beiden Rasenmähertraktoren von der Ladefläche, drehten nicht enden wollende Runden auf den riesigen Wiesen, kappten die dicken Äste der Bäume mit einer Säge, spritzten die Parkplätze mit Hochdruckreinigern ab.

Abends lag ich müde im Bett, spürte jeden einzelnen Muskel, jeden Knochen. Morgens saß ich mit meiner Mutter am Frühstückstisch, und wir bekamen beide kaum ein Auge auf. Sie hatte immer schon ihre Securitas-Uniform angehabt, war nach dem Abwasch mit ihrem alten Ford zum Flughafen gefahren, wo sie im Akkord die Koffer der Reisenden durchleuchtete.

Ihr Gesicht war von Jahr zu Jahr grauer geworden, bis der Krebs sie dann ganz zerfraß. Meinen Vater hatte ich wegen seiner Schichtdienste oft tagelang nicht gesehen, nur sein Schnarchen aus dem Schlafzimmer gehört.

Dana hatte die Augen geschlossen und zog die Augenbrauen zusammen, als ich in sie eindrang. Ihre leichte Anspannung wich schnell, sie begann leise zu stöhnen, legte schließlich eine Hand auf ihre Muschi und massierte sie zu meinen Stößen. Ihr Mund stand ein Stück weit offen, ihm entwich warmer Atem.
Anschließend lagen wir noch nackt im Bett, zappten durchs Fernsehprogramm. Ich musste eingeschlafen sein, als ich durch irgendein Geräusch aufschreckte. Ich schaute mich um, Dana lag nicht mehr neben mir, draußen war es dunkel.
Es klackte wieder, dann ertönte ein Pfiff. Fluchend stand ich auf und ging zum Fenster, gegen das schon der nächste Stein prallte. Ich öffnete es und sah Uğur unten stehen.
»Hörst du nicht die Klingel?«
Er grinste.
»Verpiss dich!«
Ich schloss das Fenster, doch er pfiff wieder. Wenn der so weitermachte, würden noch meine Nachbarn aufwachen. Ich öffnete das Fenster erneut.
»Halt's Maul jetzt, ich komm runter.«
Dana lag auf dem Sofa und las ein Buch. Sie sagte nichts, doch ich spürte ihren Blick im Rücken, als ich die Wohnung verließ.

Ich ging mit Uğur ein Stück vom Haus weg, bis ich mir sicher war, dass uns niemand mehr sehen konnte. Dann drehte ich mich um und knallte Uğur einen Haken unters Kinn. Überrascht taumelte er einen Schritt zurück, fing sich wieder, schlug in meine Richtung, doch ich wich ihm aus, sprang auf ihn zu und rammte ihm mein Knie in den Bauch. Mit einem lauten Seufzer ging er zu Boden und blieb zusammengekrümmt liegen, wimmerte vor sich hin.

Mit zittrigen Fingern tastete ich nach den Zigaretten in meiner Jackentasche, zündete mir eine an. Uğur setzte sich stöhnend auf, befühlte seinen Kiefer und sah mich dabei hasserfüllt an.

»Wie lange kennen wir uns schon? Und jetzt schlägst du mich, du Hurensohn?«

Ich zog eine weitere Kippe aus der Packung, warf sie in seine Richtung.

»Früher hätte ich dich kaputtgehauen, aber die scheiß Drogen, Mann.«

Ich nickte, er war immer ein guter Schläger gewesen, besser als ich.

»Tut mir leid, Mann.«

Er sah mich an. »Mir auch.«

Ich half ihm vom Boden auf, und wir gingen in Richtung Bahnhof. Irgendwie rechnete ich damit, dass er mich noch mal nach Koks fragen würde, doch das tat er nicht. Zum Abschied gaben wir uns die Hand, ohne uns in die Augen zu sehen.

»Hier wird gefickt.« Albert zeigte auf die Zimmertüren. Er klopfte an einer von ihnen und öffnete sie, als niemand antwortete. Die Einrichtung bestand aus einem Bett, einem Stehtisch mit Barhockern, an der Wand hingen Gemälde.

»Wart ihr mal im Puff?«

Sascha nickte, ich schüttelte den Kopf.

»Hast nix verpasst.« Albert schaute zu Sascha. »Oder?«

Sascha nickte grinsend.

Wir gingen wieder nach unten, es war noch früher Abend und wenig los. Wir nahmen auf Ledersofas Platz, der Barmann brachte uns Kaffee. Ein Mann um die vierzig kam aus einem Hinterzimmer, Albert winkte ihn zu uns.

»Das ist der Chef hier!«

»Vizechef!«

Der Mann starrte auf den Boden.

»Bescheiden ist er auch. Ich lass euch mal allein.«

Der Chef bugsierte uns in sein Büro, schloss die Tür hinter sich ab. Sascha legte ein Gramm auf den Tisch. Der Mann packte es aus, feuchtete eine Fingerspitze an, steckte sie in das Koks und zerrieb zwischen Zeigefinger und Daumen den Rest, der haften geblieben war. Dann steckte er sich etwas Pulver in den Mund, schmeckte kurz nach, nickte.

»Könnt ihr bis nächste Woche liefern? Fünfhundert Gramm.«

Mein Herz begann zu rasen, und ich schaute schnell zu

Sascha. Er wirkte ganz ruhig, schien kurz zu überlegen. Dann begann er zu grinsen und nickte.
»Kein Problem!«

Auf dem Lehrerparkplatz sah es aus wie früher. Ein paar Autos standen herum, darin saßen ein paar Jungs, andere standen drum herum. Joints kreisten, und Musik pumpte aus den Boxen. Seit Sascha und ich kein Gras mehr verkauften, hatten die Jüngeren das Geschäft übernommen. Wir blieben vor ihnen stehen, nickten ihnen zu.
»Wo ist Hassan?«, fragte Sascha, und einer der Jungs zeigte auf einen kleinen Citroën, der gerade auf den Parkplatz auffuhr.
Hassan stieg aus und gab uns die Hand. Er war größer und breiter als die anderen, sein Blick zeigte keine Angst. Zusammen gingen wir zu Saschas Mercedes. Ich bedeutete ihm auf dem Beifahrersitz Platz zu nehmen, während ich mich hinten in die Mitte setzte. Sascha startete den Motor und fuhr los.
»Warst du schon mal im Knast?«
Hassan nickte.
»Jugendarrest.«
»Hast du Leute angeschissen, als die Bullen dich gefickt haben?«
Er schüttelte den Kopf.
»Hast du schon mal gefickt?«
Er sah Sascha an.

»Warum, willst du mich ficken?«
Sascha grinste.
»Ich will wissen, ob du ein Mann oder eine Pussy bist, versteht du?«
»Kannst ja meine Jungs fragen.«
Hassan sah aus dem Fenster.
»Hast du was einstecken?«
Er nickte. Ich streckte meine Hand aus, und er legte ein Klappmesser hinein. Im Rückspiegel beobachtete er, wie ich die Klinge ausklappte. Sie war fast so lang wie mein Unterarm.
»Willst du 'ne Kuh schlachten, oder was?«
»Wenn es sein muss.«
Ich zeigte Sascha das Messer, und er lachte.
»Kann ich es wiederhaben?«
Hassan klappte das Messer schnell zusammen, steckte es in seine Hosentasche.
»Willst du dir was dazuverdienen?«, fragte Sascha.
Der Junge sah wieder aus dem Fenster. Schließlich nickte er.

In den nächsten Tagen besorgten wir zwei Kleinwagen, die wir auf einen Russen aus der Vorstadt anmeldeten, kümmerten uns um eine Bunkerwohnung.
Danach stiegen wir jeder in eines der Autos und fuhren in Richtung der Berge. Manchmal schaute ich in den Rückspiegel, sah Hassan in dem Kleinwagen hinter mir am Lenkrad sitzen. Er wirkte klein, fast wie ein Kind.

Benni und zwei seiner Jungs kickten mit einem Fußball auf dem Hof herum, als wir ankamen. Benni ging mit uns ins Haus, während Hassan bei den anderen blieb.
»Ist der o.k.?«
Sascha nickte.
»Aus meinem Block. Mein Nachbar quasi.«
»Wenn der Scheiße baut, fällt das auf euch zurück! Ist das klar?«
Wir nickten.
»Wir machen jetzt ein Auto klar. Der Scheiß ist dann in der Verkleidung der Beifahrertüren innen. Das andere Auto geben wir ihm dann mit, wenn er das nächste Mal kommt. Immer im Wechsel. Der Kleine darf nicht wissen, was wo drin ist.«
Wieder nickten wir.
Während Benni und seine Jungs mit dem ersten Kleinwagen in einem der Schuppen verschwanden, machten Sascha und ich uns auf den Rückweg. Als wir vom Hof fuhren, dribbelte Hassan mit dem Ball herum und sah uns nach.

Vom Fenster der kleinen Wohnung blickte ich direkt auf die Autobahn. Später Nachmittag, der Verkehr war zum Erliegen gekommen, ein Rettungswagen bahnte sich mit Blaulicht und Sirene den Weg durch die Automassen. Seit ich ein Kind war, war ich mit dem Auto unzählige Male an dem Hochhausblock vorbeigefahren, der wie ein Fels im dahinflutenden Verkehr aufragte.

Es klingelte, und ich ging zur Tür, schaute durch den Spion. Draußen stand Hassan. Ich gab ihm die Chipkarte für die Tiefgarage, die noch neben dem frisch unterschriebenen Mietvertrag lag. Auch hier hatte uns einer der Russen ausgeholfen.

»Kannst du behalten, für die nächsten Male.«

»O.k. Ich park um, dann bin ich weg, oder?«

»Ja, wir machen den Rest.«

Hassan zog die Tür hinter sich zu, öffnete sie dann noch einmal und blieb im Türrahmen stehen.

»Kann ich was fragen?«

Ich nickte.

Er ließ die Tür wieder ins Schloss fallen, starrte auf den Boden vor sich.

»Wie viel war in dem Auto?«

»Besser, du weißt es nicht.«

»Aber wie viele Jahre Knast, Mann? Ich muss das wissen. Ungefähr.«

Erst jetzt fiel mir auf, dass er am ganzen Körper zitterte.

»Musst das nicht noch mal machen.«

Er schüttelte den Kopf.

»Ich mach das schon. Muss nur wissen, wie viele Jahre!«

»Ich spreche mit Sascha drüber.«

Er schaute mir in die Augen und nickte.

»Danke!«

Mein Vater sah gut aus. Seine Haut war braun gebrannt, seine Augen funkelten.
»Siehst du mich?«, fragte er. »Hörst du mich?«
Ich nickte.
»Ja, alles gut.«
Ich nahm das Zeugnis vom Tisch und hielt es in die Kamera.
»Ich erkenne nix. Was ist das?«
»Mein Abizeugnis.«
Ich las ihm die Noten vor.
»Super«, meinte er. »Was machst du jetzt, studieren?«
Ich nickte.
»BWL.«
Im Hintergrund saß der Junge vom letzten Mal am Tisch, aß ein Brot.
»Wer ist das?«
Mein Vater zuckte erschrocken zusammen, drehte sich um.
»Nie hat man hier mal seine Ruhe!«
Er rieb sich mit den Händen übers Gesicht, atmete laut aus.
»Ich habe eine Freundin hier. Eine gute Frau. Das ist ihr Sohn.«
Ich nickte.
»Du musst endlich mal herkommen, ich will sie dir vorstellen. Und sonst gibt es auch so viel zu bereden. Mir sind hier einige Dinge klar geworden …« Er stockte. »Über dich, mich, deine Mutter.«

Er rieb sich wieder das Gesicht, versuchte dann zu lächeln.
»Kommst du bald?«
Ich nickte.
Als ich aufstand, gaben meine Beine kurz nach, und ich musste mich abstützen. Ich ging ins Bad, wo Dana in der Wanne lag, setzte mich auf den Rand.
»Alles klar?«
»Ja.«
»Alles o. k. bei deinem Vater?«
Ich nickte.
»Gut.«
Sie holte tief Luft, tauchte im Schaum unter. Nach ein paar Sekunden war sie immer noch unter Wasser, mein Herz begann schneller zu schlagen, und ich musste mich zusammenreißen, um ihren Kopf nicht sofort nach oben zu ziehen.

Die Geldzählmaschine ratterte in der Autobahn-Wohnung vor sich hin, dann entnahm ich das Bündel gezählter Scheine, machte einen Gummi darum, legte es zu den andern, griff wieder in die Sporttasche, befüllte die Maschine aufs Neue. Sascha saß mir am Küchentisch gegenüber an einer zweiten Maschine. Sie ratterte ein letztes Mal, dann ging er auf den Balkon, zündete sich eine Zigarette an.
»Fertig?«
Er nickte.

»Und du?«
»Gleich.«
Als ich zu ihm kam, lehnte er an der Brüstung und starrte auf die Autobahn. Man sah in der Dunkelheit nur die Lichter der Autos, dahinter dunkelblau die Berge des Taunus.
Unten vom Parkplatz ertönte ein lauter Schrei, und wir lehnten uns über die Brüstung, um zu sehen, was los war. Ein Mann mit Glatze und eine schwarzhaarige Frau brüllten sich an. Sie trug einen Minirock und ein Bikini-Oberteil, es schien eine der Nutten zu sein, die sich unten im Erdgeschoss eingenistet hatten.
Der Typ holte plötzlich aus und schlug ihr in den Bauch, zog sie dann an den Haaren in Richtung seines Autos. Obwohl er riesig war, wehrte sie sich, schlug, spuckte, trat wild um sich.
»Lass sie los, Mann!«, schrie Sascha.
Der Mann schaute kurz zu uns hoch, zog sie dann weiter. Eine rothaarige Frau kam im Bademantel aus dem Haus gerannt, zückte eine Dose Pfefferspray. Als wir unten ankamen, lag sie neben der Dose auf dem Boden, presste eine Hand auf ihre Nase und weinte.
Der Glatzköpfige hatte die Schwarzhaarige fast in sein Auto geschleift, doch Sascha nahm ihn von hinten in den Schwitzkasten, zog ihn von ihr weg. Er drückte so lange zu, bis der Kopf des Mannes rot anlief. Die Frau stemmte sich hoch, nahm Anlauf und trat dem Typen mit voller Wucht zwischen die Beine.

Die Schwarzhaarige schüttete etwas Wodka in ein Glas, füllte es dann mit Limo auf, gab es ihrer Kollegin, die deutlich jünger war.
»Wollt ihr auch?«
Wir nickten.
»Habt ihr keinen, der auf euch aufpasst?«, fragte Sascha.
»Wir passen selber auf uns auf.«
»Hat ja super geklappt …«
Sie funkelte ihn wütend an, doch ich ging dazwischen.
»War ein richtiger Ochse.«
»Eben.«
Sie schüttete etwas Eis in die Gläser, reichte uns die Drinks.
»Hoffentlich hat keiner die Bullen gerufen.«
»Hier ruft keiner die Bullen«, meinte ich, doch sie legte die Stirn in Falten.
»Meistens nicht, ja.«
»Machst du mal das Licht aus?«, sagte sie zu der Rothaarigen, woraufhin diese zum Fenster ging und dort ein blinkendes Herz ausschaltete.
Unter ihrem Auge hatte sie einen schwarzen Punkt, bei dem ich mir nicht sicher war, ob er ein Muttermal oder eine Tätowierung war.
Vor einem Spiegel befühlte die Schwarzhaarige ihren Hals, der sich langsam blau und lila zu färben begann.
»Was wollte der denn?«, fragte Sascha.
An seiner Stimmlage und der Art, wie er sie ansah, merkte ich, dass sie ihm gefiel.

»Der ist verliebt in mich. Wollte mich hier wegbringen, mit zu sich nach Hause nehmen.«
Ihre Freundin verschwand im Bad, bald hörte man Wasser rauschen.
»Sie ist noch neu. Wusste nicht, was sie machen soll.«
»Passiert«, sagte ich. »Wird sie schon noch lernen.«
Sie nickte, bot uns noch einen Drink an, doch wir lehnten ab. Sascha schrieb etwas auf einen Zettel, schob ihn zu ihr.
»Falls er zurückkommt.«
»Sascha, ja?« Sie überflog sein Gekritzel.
Er nickte.
»Und du?«
»Kannst mich Sara nennen.«

Mein Bein war eingeschlafen; als ich es langsam auf und ab zu bewegen begann, legte Albert den Zeigefinger an die Lippe, deutete in das Zwielicht. Ich nahm das Fernglas, schaute zum hundertsten Mal auf die Lichtung vor uns, doch dieses Mal bewegte sich tatsächlich etwas im Gebüsch. Grunzend trottete das Tier weiter durch das Dickicht, bis es nur noch wenige Meter von unserem Hochsitz entfernt war. Durch die Zweige hindurch erkannte ich, dass es riesig war.
»Ein Wildschwein«, flüsterte Albert.
Er reichte sein Gewehr an Sascha weiter, der es an seiner Schulter abstützte, bevor sein linkes Auge hinter dem Zielfernrohr verschwand. In der Nähe kläfften ein

paar Hunde, als er mit einem Knall abdrückte, dann begann die Sau ohrenbetäubend zu brüllen. Albert nahm sich das Gewehr und schoss noch einmal. Endlich kehrte Stille ein.
»Ich hol den Jeep«, meinte Albert, nachdem wir mehrere Minuten lang erfolglos versucht hatten, die Sau aus dem Busch zu ziehen, in den sie angeschossen geflüchtet war.
Während wir alleine waren, betrachtete ich das Tier in Ruhe. Sein Fell war genauso braun wie die schlammige Erde, einzig seine Zähne leuchteten weiß.
Als Albert wiederkam, banden wir ein Seil um den Kadaver, befestigten es an der Stoßstange, zogen das Wildschwein mit Hilfe des Jeeps aus dem Gebüsch und wuchteten es hinten auf die kleine Ladefläche.
Während der Fahrt saß ich auf der Rückbank, schaute immer wieder durch die Heckscheibe zu dem Tier, dass bei jedem Schlagloch, jeder Bodenwelle so aussah, als ob es aufspringen würde.
Das Kokain lag oben in einem großen Badezimmer, auf einem Tablett neben dem Waschbecken. Während ich pisste, hörte ich, wie Sascha eine Line zog.
»Willst du auch?«
Ich schüttelte den Kopf.
Auf dem Weg nach unten drang aus einem der Zimmer lautes Stöhnen. Sascha grinste, ging zu der nur angelehnten Zimmertür, schob sie mit dem Fuß ganz auf. Ich sah den behaarten Rücken eines Mannes, der eine

Frau von hinten fickte. Direkt neben ihnen saß ein weiterer Typ, der von einer anderen Frau einen geblasen bekam. Als er uns bemerkte, winkte er uns zu sich.
»Könnt ruhig mitmachen Jungs, sind noch genug Löcher frei! Oder?«
Er schaute zu der Frau, die mit seinem Schwanz im Mund etwas murmelte, das wie ein »Ja« klang.
»Na dann«, sagte Sascha und streifte sein Hemd über den Kopf, während ich die Tür hinter ihm zuzog und nach unten ging.
Im Garten brannte ein Feuer, über dem das Schwein an einem Spieß hing. Daneben stand ein Koch, der den Spieß weiterdrehte, wobei heißes Fett in die Flammen tropfte und zischend verdampfte. Als ich wieder aufblickte, bemerkte ich, dass Albert neben mir stand. Er zog zwei Zigarren aus seiner Hemdtasche, steckte sich eine in den Mund, gab mir die andere.
»Wo warst du im Jugendknast?«, fragte er, während er mir Feuer gab.
Ich nannte ihm den Ort, und er überlegte kurz.
»Gab's noch nicht, als ich jung war, glaub ich. Sonst hätte ich den bestimmt nicht ausgelassen.«
»Warst du oft drin?«
Er nickte.
»Knast rein, Knast raus. Ist aber lange her.«
Er paffte ein paarmal, während er ins Feuer starrte, sah mich dann an.
»Warum warst du drin?«

»Verschiedene Sachen.«

»Was genau?«

Ich zuckte mit der Schulter.

»Körperverletzung, Grastickerei, so was.«

»In den Siebzigern«, sagte Albert und paffte ein paarmal an seiner Zigarre, »habe ich ein paar Raubüberfälle gemacht. Banken, Spielhallen, so was eben. Dummerweise aber in sieben verschiedenen Bundesländern. Deshalb musste ich die Strafe dann in sieben verschiedenen Knästen absitzen, wurde dauernd verlegt. Das war ein Stress.«

Er lachte heiser.

»Kaum musste ich nicht mehr dauernd jemandem auf die Fresse hauen, hatte vielleicht sogar 'n paar Kumpels gefunden, ging es wieder weiter.«

Ich nickte.

»Einmal kam ich neu in eine Zelle, in der ein Kinderficker saß. So nannten sie ihn da immer, den Kinderficker. Der hatte nix zu lachen, überall Narben von Rasierklingen, ein Loch in der Backe von einer Gabel. Der ging gar nicht mehr raus aus der Zelle, und wenn der Wärter sie in unserer Freizeit offen stehen ließ, verriegelte er sie immer von innen. Nur mich ließ er dann rein, war ja auch meine Zelle, das hatte ich ihm schnell klargemacht. Sonst haben wir kein Wort miteinander geredet. In den ersten Tagen, die ich im Bett unter ihm lag, roch ich von oben immer seine Angst. Weißt du, wie Angst riecht?«

Wieder nickte ich.

»Doch mit der Zeit wurde der Geruch weniger, wir gewöhnten uns aneinander. Die anderen von unserem Flur laberten mich ab dem ersten Tag immer voll, dass ich sie in die Zelle lassen solle. ›Wir bringen den um!‹, sagten sie immer, ›dann gibt es einen weniger von denen.‹

Aber ich ließ sie nicht rein, und irgendwann wollten sie mich deswegen fertigmachen. Lauerten mir hier und da auf, schickten Leute mit Messern zu mir. Aber ich machte ihnen trotzdem nicht auf, und irgendwann ließen sie es dann bleiben.

Der Kinderficker las immer. Den ganzen Tag und die halbe Nacht las er, und irgendwann fing er an, mir Bücher, die er mochte, auf mein Kopfkissen zu legen, wenn ich nicht da war. Ich las sie dann auch.

Eines Abends schoben sie uns das Essen durch die Klappe, und ich sah, dass auf der einen Portion ein gelber Rotzbrocken klebte. Auf seiner Portion. Ich hämmerte also gegen die Tür, doch da kam der Kinderficker zu mir, und zum ersten Mal sagte er was zu mir.

›Ist schon in Ordnung‹, sagte er und nahm das Tablett, doch ich riss es ihm weg und hämmerte weiter gegen die scheiß Tür, bis endlich einer kam und sie uns schließlich neues Essen brachten.

Auch an diesem Abend saß er, während er aß, auf dem Bett, ließ seine Beine herunterbaumeln, das Tablett auf dem Schoß. Am Tisch aß immer nur ich, obwohl dort Platz für zwei war. Als er fertig war und zur Tür ging, um sein leeres Tablett durch die Klappe zu schieben, blieb er kurz vor mir stehen. ›Danke‹, sagte er. Das waren seine letzten Worte.«

»Warum?«

»Er hat sich am nächsten Tag aufgehängt, während ich arbeiten war.«

Mein Lieber,

es tut mir sehr leid, dass ich mich erst jetzt wieder melde. Ich hatte lange mit einer Lungenentzündung zu tun, schleppte mich morgens zu den Jungs und fiel dann abends wie tot ins Bett. Dein Brief und viele andere Sachen gerieten deshalb in den Hintergrund, ich kam erst jetzt dazu, ihn noch einmal richtig zu lesen. Dass du nun eine Freundin hast, freut mich sehr. Auch, dass du dein Abi machst oder jetzt wahrscheinlich schon gemacht hast (?), freut mich!
Als einmal gar nichts mit euch anzufangen war, ihr euch nicht konzentrieren konntet, haben wir einen Film über ein Monster geschaut. Kannst du dich daran erinnern? Eigentlich war es ein ganz normaler Mensch, aber wenn er sich aufregte, bedroht wurde oder Angst hatte, wurde er plötzlich riesig, wuchs und wuchs, bekam enorme Muskeln, wurde also zu einem Monster und schlug alles kaputt.
Während der Film lief, habe ich euch beobachtet, mir eure Jungengesichter genau angeschaut und konnte mal wieder nicht glauben, was ich in den Akten über euch gelesen hatte. Was ihr alles getan, wie viel Leid ihr anderen zugefügt habt. Eigentlich wollte ich mit euch dann gar nicht groß über den Film sprechen, war einfach froh, mal für anderthalb Stunden Ruhe zu haben, aber dann sagte Benni, nachdem ich den Fernseher ausgeschaltet hatte, dass in ihm auch ein Monster stecke. Manchmal komme es raus, manchmal nicht. Er fragte, ob es dagegen nicht wie im Film ein Serum gebe, das er sich spritzen könne, damit er in Zukunft nicht mehr ausrasten würde.

Er meinte das als Witz, aber du bist wütend geworden und hast ihn angeschrien, dass nur ihr selbst euch ändern könntet, dass euch niemand retten kann, keine Spritze, kein Mensch, niemand. Ich hatte mich damals gefragt, warum du so wütend geworden bist, und mit dem Direktor darüber gesprochen. Er hat mir dann erzählt, dass der Junge, den ihr krankenhausreif geprügelt hattet, ein paar Tage zuvor gestorben war, sie die Maschinen abgeschaltet hatten und seine Mutter dir das geschrieben hatte.

Ich dachte damals, dass du etwas verstanden hast, dass du auf einem guten Weg bist. Nach der Schilderung deines Traumes bin ich mir nicht mehr sicher, ob das noch der Fall ist. Helfen kann dir dabei aber, wie du damals selbst richtig bemerkt hast, niemand. Keine Frau, kein Ortswechsel, nur du selbst.

Der Hund war im Gebüsch verschwunden; als er hechelnd wieder vor mir stand, hatten sich gelbe und orangefarbene Blätter in seinem Fell verfangen. An der Rampe im Hafen, die die Kanus und Motorboote zum Eintauchen benutzten, blieb ich stehen, beobachtete, wie die Sonne langsam rot glühend im Wasser versank, während der Nebel sich über die braune Erde der Felder legte.

Als wir zu meinem Haus zurückkamen, stand eine mattschwarze S-Klasse mit getönten Scheiben davor. Die Fahrertür öffnete sich.

»Na, was sagst du?«, Sascha stieg aus, klopfte auf das Dach. »Jahreswagen!«

Der Hund wollte durch die Tür ins Auto springen, doch ich hielt ihn zurück.

»Lass ihn ruhig, wird irgendwann eh dreckig.«

Der Dobermann schnupperte im Inneren aufgeregt herum, legte sich dann auf die Rückbank. Ich ließ mich auf den Beifahrersitz fallen, der Geruch von neuem Leder, strich über die Konsole.

»Eichenholz oder so«, meinte Sascha. »Wollen wir 'ne Runde drehen? Muss dir eh was zeigen.«

Ich nickte.
Über eine Allee kamen wir zu ein paar Tennisplätzen. Sascha parkte, dann gingen wir zu einem flachen weißen Gebäude, dessen Fenster mit Zeitungspapier zugehängt waren. Er zog einen Schlüssel aus der Hosentasche, steckte ihn in die Eingangstür und hielt sie mir auf.
»Was denkst du?«, fragte er, als wir uns alles einmal angesehen hatten. »Mein Onkel kann die Küche schmeißen, hat er gesagt. Seine Rente reicht eh nicht.«
»Haben wir so viel Geld?«, fragte ich, doch Sascha lachte nur.
»Wir haben zu viel Geld, Mann. Wie sollen wir erklären, wo das alles herkommt?«
Ich nickte, und Sascha winkte mich zu sich ans Fenster, zeigte durch die Bäume hindurch, die die Tennisplätze voneinander trennten. Hinter ihnen zeichneten sich zwei Hochhäuser ab.
»In dem einen sitzt 'ne Versicherung, in dem andern 'ne IT-Firma. Die kommen dann mittags alle schön zum Fressen her.«
Wieder nickte ich. Er hielt mir grinsend eine Hand hin, ich schlug ein.

Obwohl der Raum brechend voll war, entdeckte ich Hussein sofort. Er saß in der vorletzten Reihe und las in einem dicken Buch, das vor ihm auf einem winzigen Klapptisch lag. Als ich mich neben ihn setzte, fiel mir

auf, dass er nicht wie sonst nach Schweiß und Zigaretten stank.
»Hast du dich schick gemacht?«
Ich deutete auf sein Shirt, das weder Flecken noch Löcher hatte. Er sah mich aus seinen kleinen, zusammengekniffenen Augen kurz an, drehte sich dann schnell weg. Ich bildete mir ein, dass er rot geworden war.
Nach der ersten Vorlesung saßen wir in der Mensa, und mein Handy klingelte. Dana erzählte aufgeregt, dass sie einen Praktikumsplatz in Berlin bekommen hatte, wozu ich sie beglückwünschte.
Nachdem ich aufgelegt hatte, sah Hussein mich an, deutete auf einen der anderen Tische. Ich erkannte den Typen erst auf den zweiten, dritten Blick.
»Wie heißt er noch mal?«, fragte ich. »Kann mich nicht an seinen Namen erinnern.«
»Hurensohn«, sagte Hussein, »Dennis-Hurensohn.«

Wegen meiner Haftstrafe war ich vier, fünf Monate später als alle anderen in unsere Klasse gekommen. Ich hatte keine Freunde, keine Kumpels gesucht, mich einfach auf den einzigen freien Platz neben Hussein gesetzt und weder im Unterricht noch in den Pausen mit jemandem mehr als ein paar Worte gewechselt.
An meinem dritten oder vierten Schultag ging ich nach dem Sportunterricht in die Umkleidekabine und sah, wie Dennis und ein anderer Typ versuchten, Hussein unter die Dusche zu zerren.

»Du stinkst nach Scheiße!«, hatten sie geschrien und gelacht, während alle anderen grinsend zugesehen hatten.
»Lass ihn einfach los«, hatte ich gesagt und versucht, freundlich zu klingen.
»Warum?«, hatte Dennis erwidert. »Er stinkt. Und wer stinkt, muss duschen.«
Ich schüttelte den Kopf.
»Lass ihn los!«
Dennis hatte mich nur schief angegrinst und Hussein weiter in den Duschraum gezogen.

Dennis hatte uns bemerkt, starrte mich kurz ungläubig an, bevor er schnell wieder wegschaute.

Ich hatte in der Umkleide nicht viel gemacht. Die Dusche wieder ausgedreht, einen Arm um Hussein gelegt und ihn zu seinen Sachen zurückgebracht.
»Wie oft haben die das schon mit dir gemacht?«, fragte ich ihn, als wir später das erste Mal zusammen kiffend neben dem Sportplatz standen.
Er hatte mit den Schultern gezuckt und irgendetwas gemurmelt, das wie »Zwei-, dreimal« klang.
»Wenn die noch mal was machen, sag es mir einfach.«
Nach der letzten Stunde hatte ich noch zum Schulsozialarbeiter gemusst, weshalb ich später als Einziger an der Bushaltestelle gestanden hatte. Auf dem Parkplatz gegenüber hatte ich das Wummern von Bässen gehört, schließlich jemanden, der meinen Namen rief. Ich er-

kannte Dennis und zwei, drei seiner Kumpels in einem Auto, sah woandershin, setzte Kopfhörer auf und hörte Musik.

Plötzlich hatte er direkt vor mir gestanden und sein Gesicht ganz nah an meins gehalten. Durch die Musik hatte ich nicht gehört, was er sagte, einfach weiter an ihm vorbeigestarrt. Daraufhin hatte er mir die Kopfhörer weggeschlagen und mich gefragt, ob wir es jetzt klären würden oder nicht.

Die Sache war nicht gut für ihn ausgegangen. Einer seiner Kumpels zog mich schließlich von ihm herunter, während ich Dennis' Kopf immer weiter auf das Pflaster geschlagen hatte.

Am nächsten Morgen hatten mich alle angestarrt und hinter meinem Rücken geflüstert. In jeder Stunde hatte ich damit gerechnet, in das Büro des Direktors gerufen zu werden, und als es nicht passierte, rechnete ich am nächsten Tag damit, dann wieder am nächsten. Aus irgendwelchen Gründen war es nie dazu gekommen und Dennis nie wieder in der Schule aufgetaucht. Hussein hatte mich nie gefragt, was an dem Nachmittag passiert war. Er war mir einfach nicht mehr von der Seite gewichen.

»Heute Nachmittag ist noch Seminar«, meinte er, »kommst du mit?«

Ich schüttelte den Kopf.

»Nee, muss bisschen Geld machen.«

Ich holte ein kleines Tütchen Gras aus meinem Rucksack, steckte es Hussein zu.
»Danke!«
Er schaute noch einmal zu Dennis, jetzt lag ein Grinsen auf seinen Lippen.
»Sein getrocknetes Blut war auf dem Asphalt damals«, sagte er. »So ein großer Fleck und viele kleine. Manchmal muss ich noch daran denken.« Hussein lachte.

Die Eingangstür des Puffs war geschlossen, auf unser Klopfen reagierte niemand. Sascha hielt die Sporttasche mit dem Koks in der Hand und wurde langsam unruhig.
»Wann hast du mit ihm gesprochen?«
»Heute Morgen erst.«
Als wir gerade wieder zum Auto gehen wollten, öffnete sich ein Fenster im ersten Stock, und der Chef rief uns zu, dass wir hintenrum reinkommen sollten über die Feuertreppe.
Als er schließlich vor uns stand, bemerkte ich dicke Schweißperlen auf seiner Stirn, auch sein Hemd war komplett durchgeschwitzt. Sascha hielt ihm die Sporttasche mit dem Koks entgegen, doch er schüttelte den Kopf.
»Bringt die mal bitte in mein Büro und wartet da.«
Dann verschwand er in einem der Zimmer, zog die Tür schnell hinter sich zu. Nachdem wir ein paar Minuten gewartet hatten, kam er zurück, schaute sich das Koks

kurz an und zählte das Geld auf den Tisch. Der Schweiß tropfte dabei von seiner Stirn auf die schwere Holzplatte.
»Könnt ihr mir bei was helfen?«
Erst jetzt fiel mir auf, wie blass er war.
Eine Frau hatte sich über einen fetten alten Mann gebeugt, der mit geschlossenen Augen auf dem Boden lag und vor sich hin röchelte, tupfte ihm mit einem nassen Waschlappen das Gesicht ab. Der Chef deutete mit einer Kopfbewegung auf ihn.
»Der muss hier raus, bevor er abnippelt.«
»Was ist passiert?«, fragte Sascha.
»Herz hat schlappgemacht«, sagte die Frau und deutete auf den Nachttisch, wo Schnapsflaschen und Koksreste herumlagen. »Zwei Tage das!«
Wir schleppten den Mann zu viert zum Aufzug am Ende des Flurs. Ich hatte meine Hände für einen sicheren Griff unter seinen Armen und über seinem Brustkorb und spürte seine Wärme, seinen Schweiß.
»Wo tragen wir ihn hin?«, fragte Sascha, als wir im Aufzug standen.
Der Chef zuckte mit den Schultern. Die Hure begann die Taschen des Mannes zu durchsuchen, hielt uns schließlich einen Mercedes-Schlüssel entgegen.
Der Chef hatte darauf bestanden, das Verdeck des Cabrios aufzumachen, obwohl es dafür eigentlich viel zu kalt war. Er saß mit dem Fettsack auf der Rückbank und schlug ihm immer wieder mit der flachen Hand ins Ge-

sicht, hielt ihn mit dem anderen Arm so aufrecht, dass der Fahrtwind ihm direkt ins Gesicht klatschte. Nach ein paar Minuten begann der Alte zu husten, öffnete seine Augen einen Spaltbreit.

»Wohin?«, fragte Sascha.

»Nimm den nächsten Parkplatz.«

Wir parkten das Auto am Straßenrand, gingen ein paar Straßen weiter in ein Internetcafé und riefen einen Rettungswagen. Der Chef ging zum Kühlschrank des Cafés und nahm drei Jacky-Cola heraus.

Rauchend saßen wir draußen auf einer Bank und tranken. Ein Krankenwagen raste mit Blaulicht und Sirene an uns vorbei, bog in die Straße ein, in der wir das Auto abgestellt hatten.

»Dann wäre das auch erledigt.«

Der Chef versuchte zu lachen. Sascha schaute auf seine Uhr.

»Die Lieferung ist gleich da«, meinte er auf Jugo zu mir, ich nickte.

»Wir müssen los«, sagte ich zum Chef, der uns zum Abschied lange die Hand drückte.

»Ihr habt was gut bei mir, aber das wisst ihr ja eh schon.«

Der Kleinwagen stand bereits in der Tiefgarage, als wir ankamen. Wir holten das Kokain aus den Türen, packten es in eine Sporttasche, gingen durchs Treppenhaus nach oben. Als wir vor unserer Wohnungstür standen und Sascha aufschloss, hörte ich Schritte hinter uns. Gerade wollte ich mich umdrehen, da traf mich schon der erste Schlag. Ich sackte zusammen und sah noch, wie Sascha neben mir ebenfalls zu Boden ging. Jemand riss mir die Tasche vom Arm, dann entfernten sich die Schritte wieder.

Ich dachte an die halb offene Wohnungstür, vor der wir lagen, an die Waage, die Streckmittel, unsere Knarren auf dem Küchentisch. Ich musste mich zusammenreißen.

Als ich mich aufzurichten versuchte, begann mein Kopf zu dröhnen, mein Arm zitterte. Kurz legte ich mich wieder hin, versuchte es noch einmal, bekämpfte den Schwindel, den brüllenden Schmerz hinter meinen Schläfen. Das Licht im Treppenhaus musste ausgegangen sein, um mich herum war alles schwarz. Vorsichtig tastete ich mich vor, fühlte schließlich Saschas Glatze.

»Wir müssen hier weg«, wollte ich ihm zuflüstern, doch alles, was meiner Kehle entwich, war ein unverständliches Krächzen. Unten im Hausflur knallte eine Tür, dann ertönten Schritte.

Erleichtert atmete ich aus, als sie nicht näher kamen. Ich konzentrierte mich auf meinen rechten Arm, bewegte ihn ganz langsam und stand Stück für Stück auf. Erst jetzt bemerkte ich, dass ich meine Augen die ganze Zeit über geschlossen hatte. Als ich sie öffnete, schoss das Licht mit einem Schlag in meinen Kopf, der sofort noch stärker zu dröhnen begann.

Nachdem sich meine Augen an die Helligkeit gewöhnt hatten, schaute ich zu Sascha. Er lag regungslos da, aus einer Platzwunde auf seiner Stirn sickerte Blut, das sich in seinen Augenhöhlen sammelte. Nur sein Bauch hob und senkte sich mit jedem Atemzug.

Sara kniete neben Sascha auf dem Sofa, tupfte ihm das Blut mit einem Lappen ab. Ich war noch wackelig auf den Beinen, lief aber durch die Wohnung und sammelte mit schweißnassen Händen alles ein, was die Kripo interessieren könnte. Hassan, den ich angerufen hatte, klingelte.

»Versteck das alles!«

Ich drückte ihm die prall gefüllte Sporttasche in die Hand.

»Lass dein Handy immer an. Ich melde mich, wenn ich dich brauche.«

Er starrte zu Sascha, der sich immer noch nicht bewegte.

»Ist er o.k.?«

Ich zuckte mit den Schultern, schob ihn zur Tür hinaus. Als ich aus dem Fenster schaute, fuhr der Krankenwagen gerade auf den Parkplatz. Schnell schleppte ich mich noch einmal durch alle Räume, suchte erneut alles ab, bis es Sturm klingelte und die Schwarzhaarige zur Tür ging. Ich setzte mich auf das Sofa, vor meinen Augen verschwamm alles zu einem tiefen Schwarz, ich spürte nur noch Müdigkeit in mir.

Hinter meiner Stirn pulsierte der Schmerz, als ich mich bückte, den Riegel umlegte und das Eisentor langsam nach oben schob. In einer Ecke der Garage stand ein kleiner Kühlschrank, in dem Sascha Fleischstücke aufbewahrte, die er der Eule inzwischen statt der Mäuse gab. Ich näherte mich ihm, da kam die Eule zu mir gehüpft, schaute mit mir in das grelle Kühlschranklicht. Nachdem ich das Fleisch aus der Folie gewickelt hatte, schnappte sie es sich und humpelte in die hinterste Ecke des Raumes.

Sie hatte seit zwei Tagen nichts gegessen, schlang das Fleisch hastig hinunter. Als die Eule damit fertig war, hüpfte sie in den Außenbereich, drehte den Kopf in Richtung Wald. Das Pochen ließ nicht nach, also setzte ich mich neben die Eule auf einen Plastikstuhl, fing an, einen Joint zu bauen.

Während ich das Gras in das Paper bröselte, bemerkte ich das gelbe Krankenhausarmband an meinem Handgelenk. Ich hatte vergessen, es abzunehmen.

Es klopfte an meiner Tür, und ich ließ Hassan herein. Dana machte immer noch ihr Praktikum in Berlin und würde vor nächster Woche nicht zurückkommen, was sich gut traf. Hassan setzte sich aufs Sofa, kramte in seinem Rucksack und legte die Waffen auf den Tisch.

»Was machst du jetzt?«

Ich zuckte mit den Schultern.

»Was denkst du?«

Er sah weg, aus dem Fenster.
»Du kannst immer auf mich zählen«, sagte er leise.
Ich schüttelte den Kopf.
»Musst du nix mit zu tun haben.«
Er begann den Hund zu streicheln.
»Und Sascha?«
»Der wird schon wieder.«
»Sah schlimm aus, Mann. So viel Blut überall. Hatte einen fetten Fleck auf meinem Sneaker. Hab ich erst gar nicht gemerkt. Meine Mutter hat dann fast 'nen Herzinfarkt bekommen. Hab ewig gebraucht, bis er halbwegs rausging.«
Er streckte mir seinen weißen Schuh entgegen, auf dem sich ein dunkler Fleck abzeichnete. Ich ging in mein Zimmer, kramte ein paar Scheine aus der Bettschublade und warf sie vor ihm auf den Couchtisch.
»Kauf dir neue!«
Er schüttelte den Kopf.
»Kann mir schon selber neue Schuhe kaufen.«
»Hast uns den Arsch gerettet, Mann. Nimm es einfach!«
Er knüllte die Scheine zusammen, steckte sie schnell ein.
»Danke!«

Ich begann mit Marko und Adem alle abzuklappern, die etwas wissen konnten. Als Erstes fuhren wir zu dem Russen, der die Wohnung an der Autobahn für uns angemietet hatte, doch er war nicht zu Hause. Dann zu

dem Typen, der die Autos angemietet hatte, doch er behauptete, nichts zu wissen, und ich glaubte ihm. Schließlich war Uğur an der Reihe.
Er war, nachdem ich ihn geschlagen hatte, nie mehr bei uns aufgetaucht, nur zwei-, dreimal hatte ich ihn zufällig am Bahnhof oder bei Plus gesehen, wo wir uns gegenseitig ignoriert hatten. Die Spielothek war noch geschlossen, also fuhren wir ziellos herum, hielten nach ihm Ausschau und nach Leuten, die ihn kannten. Schließlich sah ich an einer Bushaltestelle seine Ex stehen. Ich bat sie, bei uns einzusteigen, doch sie schüttelte den Kopf.
»Denkst du, ich bin 'ne Nutte, oder was?«
»Wir wollen dich nicht ficken, nur was wissen.«
Sie sah sich kurz nach allen Seiten um, setzte sich dann zu mir auf die Rückbank.
»Was wollt ihr?«
»Weißt du, wo Uğur ist?«
Sie stieß ein kurzes, hohes Lachen aus.
»Warum?«
Ich zuckte mit den Schultern.
»Seid ihr noch zusammen?«
Sie schüttelte den Kopf.
»Der bumst jetzt 'ne andere.«

Der Campingplatz lag nicht weit vom Ort entfernt, trotzdem hatte ich ihn noch nie betreten. An heißen Sommertagen war ich als kleiner Junge oft mit meinem Fahrrad an dem Zaun entlanggefahren und hatte mir vorgestellt, wie ich darüberklettern und in den dahinterliegenden See springen würde, der den Campern vorbehalten war. Heute sah das Wasser kalt und grau aus. Der Wohnwagen stand am Rand des Platzes, dahinter begannen die Felder. Ich schaute durch die Fenster, drinnen schien niemand zu sein. Marko machte sich am Schloss zu schaffen, das nach kurzer Zeit nachgab, dann betraten wir ihn leise.

Drinnen war es sauber, ordentlich, ein Duftspender verbreitete einen süßlichen Geruch. Adem wollte gerade etwas sagen, als Marko seinen Zeigefinger auf die Lippen legte. Jetzt hörte auch ich das leise Kichern, das aus dem abgetrennten hinteren Bereich zu kommen schien. Adem nahm seine Pistole aus dem Hosenbund, entsicherte sie, zog dann die Tür auf, machte einen Schritt in den Raum hinein. Sein Rücken versperrte den Blick ins Innere, ich konnte nur den Umriss eines Bettes erkennen.

»Wartet kurz«, meinte er auf Jugo, schloss dann die Tür hinter sich.

Er sprach kurz mit jemandem, dann kam er mit Uğur wieder heraus, zog die Tür hinter sich zu.

»Da ist 'ne Frau. Sie zieht sich an, dann haut sie ab.«

Uğur stand vor uns, schaute abwechselnd uns an, dann auf den Boden. Nach einer Minute Schweigen wurde die Schlafzimmertür von innen geöffnet, und eine Frau in einer weißen Winterjacke mit Pelzkragen huschte schnell zum Ausgang.

Bevor sie verschwand, drehte sie sich kurz zu Uğur um, sagte etwas auf Türkisch. Er schüttelte den Kopf und erwiderte etwas.
»Was hat sie gesagt?«, fragte Adem. Uğur sah ihm fest in die Augen.
»Ob sie die Bullen rufen soll. Ich habe Nein gesagt, dass sich schon alles regelt.«
Marko legte seine Waffe auf den Tisch.
»Wird sich schon regeln, ja. So oder so.«
»Was willst du?«, fragte Uğur. Er sah mich mit wachen Augen an, sein Blick ruhte auf mir.
»Bist du clean?«, fragte ich.
Er nickte.
»Fast einen Monat.«
»Der Rückfall kommt bestimmt«, sagte Adem. Marko lachte.
»Ich denke nicht.«
Uğur würdigte ihn keines Blickes.
»Was willst du?«
»Jemand hat uns überfallen. Ist für Sascha nicht gut ausgegangen.«
Uğur griff nach einer Wasserflasche auf dem Boden, nahm einen Schluck.
»Bis vor 'ner Woche hab ich's gar nicht aus dem Bett geschafft. Kannst du meine Freundin fragen. Seitdem war ich fast immer hier. Nur ein-, zweimal einkaufen. Kannst du sie alles fragen. Sie wartet vorne beim Parkplatz.«

Adem ging im Wagen herum, öffnete Schränke, schaute auf Ablagen.
»Warum lebt ihr in 'nem Wohnwagen wie Penner?«, fragte er schließlich.
»Sie hat ein Kind zu Hause, Mann. Ich soll es erst sehen, wenn ich einen Monat clean bin. Verstehst du das?«
Adem reagierte nicht, schaute in den Kühlschrank.
»Hier ist nichts. Lass uns abhauen.«

Als ich auf die Station kam, stand Sascha vor einem der Fenster im Flur. Sein Kopf war in einen leuchtend weißen Verband gehüllt, er schaute nach draußen, auf den Park der Klinik.
»Hast du was zu essen dabei?«
Ich hielt ihm die Tüte mit Obst, Chips und Schokolade entgegen.
»Cool. Ich brauch aber erst was Richtiges. Kann den Fraß hier nicht mehr sehen.«
Eine halbe Stunde später saßen wir bei einem Italiener, Sascha war bereits bei der zweiten Portion Pasta angelangt. Schließlich wischte er sich den Mund mit einer Serviette ab, rülpste zufrieden.
»Die wollen mein Gehirn noch mal untersuchen. Dann kann ich raus. Übermorgen wahrscheinlich.«
Er nahm einen Schluck von seiner Cola.
»Zwei so Beutel.«
Er deutete die Größe mit seinen Händen an.
»Beutel was?«

»Blut, Mann. Zwei Beutel Blut haben die mir reingeknallt. Von irgendwem. Ist doch komisch, oder?«
Ich zuckte mit den Schultern. Sascha schaute abwesend aus dem Fenster, trank dann sein Glas aus und bezahlte.
Auf dem Rückweg zur Klinik blieb er plötzlich stehen, stützte sich bei mir ab.
»Alles klar?«
»Nur bisschen schwarz vor den Augen. Geht gleich wieder.«
Ich brachte ihn zu einer Bushaltestelle, wo wir uns auf eine Wartebank setzten.
»Waren die Bullen noch mal da?«
Sascha schüttelte den Kopf.
»Bei dir?«
»Nein.«
»Gut, das ist sehr gut.«
Ein Bus hielt vor uns, ein paar Menschen stiegen ein, andere aus. Ein kleiner Junge klebte hinter einer beschlagenen Scheibe, wischte immer wieder ein kleines Guckloch frei, starrte zu uns nach draußen.
Sascha sagte etwas, doch in diesem Moment fuhr der Bus an, und das Geräusch des Motors übertönte seine Worte.
»Was?«
»Zwei Liter waren in diesen Beuteln. Zwei Liter Blut, Mann.«
Er wuchtete sich wieder hoch, legte nach den ersten

Schritten seinen Arm um meine Schulter und sein Gewicht auf mich, dann gingen wir langsam weiter.

»Mein Vater hat mir aus der Bibel vorgelesen«, meinte er und lachte heiser. »Ist ein katholisches Krankenhaus, da liegt das scheiß Ding immer in der Schublade, weißt du?«

Ich nickte.

»Also nimmt er sich das Ding und meint zu mir: ›Sag mir 'ne Zahl.‹ – ›Warum?‹, sag ich, doch er besteht drauf. Also sag ich ihm irgend 'ne Zahl, und er blättert, schlägt die Seite mit derselben Zahl auf. Dann hat er mir vorgelesen, was da stand.«

»Und?«

Sascha blieb stehen, schnappte nach Luft.

»Hab ich vergessen.«

Er deutete auf den Verband.

»Kann mir nix merken grade. Aber irgendwie hat das schon Sinn gemacht.«

Er sah müde aus, als er wieder in seinem Bett lag. Eine der Schwestern schaute zur Tür herein.

»Die Besuchszeit ist vorbei.«

»Er ist schon weg.« Sascha versuchte zu lächeln.

»Ich weiß, wer es war«, sagte Sascha leise, als ich meine Jacke anzog. Überrascht sah ich ihn an.

»Wer?«

Er schloss seine Augen.

»Ich muss noch nachdenken. Wenn ich wieder draußen bin, schauen wir weiter.«

Dana kam gerade aus dem Bahnhofsgebäude, als ich in Saschas Mercedes auf den Parkplatz auffuhr. Als sie das Auto sah, winkte sie und kam.
»Warum hast du Saschas Auto?«, fragte sie, nachdem wir uns zur Begrüßung geküsst hatten.
»Ist im Krankenhaus.«
»Oh! Was Schlimmes?«
Ich zuckte mit den Schultern.
»Kommt bald wieder raus.«
Während ich ihr Gepäck in den Kofferraum wuchtete, spürte ich ihren Blick auf meinem Hinterkopf, dann strich sie mit ihrem Finger über die Stiche, mit denen sie meine Kopfwunde zusammengenäht hatten.
»Du warst dabei, ja?«
Ich nickte. Auf der Fahrt sprach sie nicht viel, starrte nur aus dem Fenster in die schwarzen Felder hinein. Als ich den Wagen vor meiner Wohnung geparkt hatte und aussteigen wollte, hielt sie mich am Arm fest.
»Ich krieg ein Kind«, sagte sie mit tonloser Stimme. »Von dir.«
Ich versuchte, sie zu umarmen, doch sie schüttelte mich ab.
»Du musst dein Leben ändern, verstehst du das?«
Als ich nichts sagte, vor mich hin starrte, legte sie beide Hände um meinen Kopf, zwang mich, sie anzusehen.
»Sonst bin ich weg. Mit dem Kind. Verstehst du das?«
Ich nickte.

Der Feldweg zum Rhein war gefroren, ich kam ständig ins Rutschen, während ich Fabios Rollstuhl vor mir herschob. Nach der Hälfte des Weges wollte ich aufgeben und umdrehen, doch als ich den Rollstuhl wendete, begann Fabio wie wild zu brüllen. Ich schaute, ob der Gurt zu fest zugeschnallt war, überprüfte seine Beine und Arme. Obwohl ich nichts entdecken konnte, brüllte Fabio immer weiter, da drehte ich den Rollstuhl wieder in Richtung Rhein, ging probehalber ein paar Schritte. Die Schreie verstummten sofort.

Unten am Ufer stellte ich den Rollstuhl neben eine Parkbank und setzte mich. Fabio starrte lange auf das Wasser, seufzte tief. Ich schaute zu ihm, und in dem Moment sah er auch zu mir. Er schien zu lächeln.

Als wir wieder in seine Wohngruppe zurückkehrten, saß seine Mutter auf dem Sofa im Gemeinschaftsraum. Sie besuchte ihn sonst nie unter der Woche, weshalb ich immer unter der Woche kam. Ich grüßte sie kurz, schnallte Fabio ab und hievte ihn in seinen Sessel.

»Bleib ruhig noch«, sagte sie, deutete auf den Platz neben sich, nachdem ich schon ein »Tschüss« in ihre Richtung gemurmelt hatte.

Ich sah sie überrascht an, setzte mich.

»Du bist ein guter Freund.«

Sie vermied es, mich anzusehen.

»Sonst kommt keiner hierher, nicht mal seine Schwestern. Nur du und manchmal Dana.« Sie stockte. »Du musst nicht denken, dass ich eine schlechte Mutter bin.

Ich habe nur zu wenig Zeit, um ihn zu Hause zu pflegen. Wenn ich in Rente bin, nehme ich ihn wieder zu mir. Ganz sicher.«

Bei ihren letzten Worten sah sie mich flehend an, ihre Augen waren mit Tränen gefüllt.

»Ich glaube, er mag es hier«, sagte ich nach einer kurzen Pause.

»Wirklich?«

»Ja, er sitzt gerne in dem Stuhl hier und schaut sich alles an. Die ganzen Verrückten hier.«

Ich deutete mit dem Kopf auf den Mann, der auch jetzt auf allen vieren über den Boden galoppierte, dabei schrill kreischte.

»Außerdem arbeiten hier immer viele junge Frauen, da hat er auch nichts gegen.«

Sie lächelte, während ihr die Tränen über die Wangen liefen.

»Ja, vielleicht gefällt es ihm hier. Das wissen wir aber nicht. Er kann ja nicht mehr sprechen seit dem Koma. Das ganze Blut in seinem Gehirn, die vielen OPs …«

»Er spricht schon«, sagte ich, »nur anders.«

Ich erzählte ihr davon, dass Fabio unbedingt zum Fluss gewollt habe, dass er unten dann sehr zufrieden gewirkt habe. Dass er in seiner Wohngruppe immer einer bestimmten Pflegerin lange nachschauen, dabei immer sehr glücklich aussehen würde.

Sie schwieg lange, dann nickte sie und wischte sich die Tränen mit dem Handrücken weg.

»Entschuldige!«
»Schon gut. Wir können auch mal zusammen mit ihm zum Rhein gehen. Wenn es wieder wärmer ist vielleicht.«
Sie nickte, sah mich mit verquollenen Augen an.
»Ja, das wäre schön.«

Sascha stützte sich auf meiner Schulter ab, während wir zu seinem Auto gingen.
»Fahr uns zum Restaurant«, sagte er, und ich fuhr den knappen Kilometer zum Tennisplatz.
Die Bauarbeiten waren in vollem Gange. Gerade wurde die Terrasse neu gemacht, drinnen lief ein Elektriker herum. Saschas Onkel kam auf uns zu, führte uns herum, zeigte Sascha alle Veränderungen, erklärte, was noch getan werden musste.
»Auf meinem Zimmer lag einer«, sagte Sascha, als wir wieder im Auto saßen, »der hat seit seiner Geburt ein kaputtes Herz. Ein-, zweimal im Jahr kippt er einfach um und ist weg. Wacht dann erst im Krankenhaus wieder auf oder auf dem Boden, wenn ihn niemand findet. Und irgendwann wird er gar nicht mehr aufwachen. Ist 'ne Frage von 'n paar Jahren. Vielleicht zehn, wenn es gut läuft, wahrscheinlich weniger. Der ist so alt wie wir.«
»Dana ist schwanger«, platzte es aus mir heraus.
Wir fuhren auf der Landstraße durch den Wald nach Hause. Sascha sah mich von der Seite an.

»Krass.«
Ich nickte.
»Und freust du dich?«
»Glaube schon.«
Er klopfte mir auf die Schulter.
»Geil, Mann.«
Im Radio begannen die Nachrichten, Sascha schaltete es aus.
»Wenn wir es schlau machen mit dem Laden, dann wird der 'ne Goldgrube, meint mein Onkel. Schöner Mittagstisch für die Bürospasten und alles. Dann können wir die andere Scheiße endlich lassen.«
»Und der Typ?«
»Welcher Typ?«
Ich deutete auf den Verband, der immer noch leuchtend weiß um seinen Schädel gewickelt war.
»Das müssen wir noch klären.«
Sascha sah mich ruhig an.
»Als Letztes.«

Ich hatte lange gebraucht, um in dem schwarz-weißen Geriesel überhaupt etwas zu erkennen, konnte mich jetzt aber nicht mehr von dem kleinen Ding lösen, das sich darin grob abzeichnete. Am deutlichsten sah ich seine Knochen, die in all dem grauweiß schimmerten. In ihrem Bauch lag ein Skelett.
»Soll ich Ihnen ein Foto davon ausdrucken?«
Der Arzt schaute hoch, und ich schüttelte reflexartig

den Kopf, doch Dana auf der Liege hatte es nicht gesehen.

»Ja, das wäre schön.«

»Hast du dir schon was überlegt?«, fragte sie mich, als wir vor der Praxis im Auto saßen.

»Was überlegt?«

Sie schaute mich wütend an, schüttelte den Kopf.

»Hatte ich dir nicht was gesagt? Hatte ich dir nicht irgendwas gesagt?«

Nach ein paar Minuten entschuldigte sie sich.

»Ist schon gut. Sascha macht bald ein Restaurant auf. Also mit mir zusammen. Mit unserem Geld.«

»Warum hast du davon nichts erzählt?«

»War mir nicht sicher, ob es klappt.«

Sie atmete tief durch, legte eine Hand auf meinen Oberschenkel.

»Wir kriegen das schon hin, oder?«

Ich legte meine auf ihre.

»Ja, das müssen wir wohl.«

Sie lachte.

Der Fußballplatz grenzte direkt an den Wald. Früher war sein Zaun noch nicht so hoch gewesen, weshalb wir ständig in den Büschen dahinter nach unseren Bällen gesucht hatten, wenn einer von uns mal wieder zu hoch geschossen hatte.

»Da ist er«, sagte Sascha und zeigte auf Hassan, der gerade mit dem Ball am Fuß aufs Tor zulief, danebenschoss.

»Wie lange ist noch Training?«
Ich schaute auf mein Handy.
»Halbe Stunde.«
»Baust du einen?«
Ich nickte.
»Hatte ihn viel größer in Erinnerung«, sagte Sascha, während er seinen Sitz nach hinten fuhr, sich zurücklehnte.
Hassan hatte sich über sein Juve-Trikot ein gelbes Leibchen gestreift, das ihm viel zu groß war. Er dribbelte mit dem Ball am Fuß um ein paar Hütchen, verlor ihn ständig, begann von vorne. Einmal schaute er in unsere Richtung, und ich bekam Angst, dass er uns sehen könnte, doch er schien genau durch uns hindurchzusehen.
Den Trampelpfad, in den Hassen nach dem Training einbog, hatten schon wir früher benutzt. So kam man schneller zu den Hochhäusern, in denen Sascha und er lebten. Der Weg führte an der Rückseite der letzten Häuser des Ortes entlang, hinter denen der Wald begann und sich bis zum nächsten Dorf zog.
Sascha parkte den Wagen schnell, dann gingen wir Hassan nach. Er war schon weit weg von uns, nur noch als kleiner Punkt zu erkennen, weshalb ich zu rennen begann. Sascha versuchte erst Schritt zu halten, fiel dann jedoch keuchend zurück.
Als ich nur noch wenige Meter hinter Hassan war, drehte er sich um, starrte mich aus weit aufgerissenen Augen an. Fast hätte ich das Messer, das er in meine

Richtung stieß übersehen, drehte mich in letzter Sekunde noch etwas weg. Ich hörte den Stoff meines Pullovers reißen, doch das kalte Gefühl, das eine Klinge im Fleisch hinterlässt, blieb aus, und ich hielt seinen Arm schnell fest, verdrehte ihn so lange, bis er das Messer schreiend fallen ließ. Schnell setzte ich ein paar kurze Punches in seine Fresse, rammte dann mein Knie in sein Gesicht, bis es knackte.
Als er sich am Boden zusammenkrümmte, kam Sascha bei uns an. Sein Gesicht war blass, er atmete schwer. Hassan starrte uns an, während er seine Nase abtastete, aus der das Blut auf sein Trikot floss, die hellen Stellen rot färbte.
»Es tut mir leid, Mann. Ich war voll drauf damals. Konnte nicht klar denken. Es tut mir echt leid!«
»Halt die Fresse!«, zischte Sascha. »Wo ist das Koks?«
»Im Keller von meinen Eltern. In so alten Reifen.«
Sascha nickte langsam, nahm Anlauf und trat ihm mit voller Wucht in den Bauch.
»Was macht ihr da?«, hörte ich eine Frauenstimme; als ich aufschaute, sah ich sie am geöffneten Fenster des nächsten Hauses stehen.
»Verpiss dich!«, schrie Sascha, woraufhin sie das Fenster schnell wieder schloss, jedoch dahinter stehen blieb. Hassan lag auf der Seite, schnappte röchelnd nach Luft.
»Was jetzt?«, fragte ich Sascha.
»Der hat genug.«
Sascha schaute zum Fenster.

Ich folgte seinem Blick, durch das spiegelnde Glas glaubte ich zu erkennen, dass jetzt ein Mann hinter der Frau stand, er schien etwas an sein Ohr zu halten.

»Lass uns abhauen!«, zischte er. »Die rufen die Bullen.«

Sascha lief schon zurück in Richtung Auto, als ich noch ein letztes Mal zu Hassan schaute. Es kam mir so vor, als ob er grinsen würde, und ich beugte mich zu ihm runter.

»Findest du das lustig?«

Hassan sah auf zu mir, antwortete nicht, schien noch breiter zu grinsen.

Ich ging zwei Schritte zurück, drehte mich um und trat ihm mit Anlauf gegen den Kopf. Als ich weglief, bewegte er sich nicht mehr.

Dana saß in ein Buch vertieft am Wohnzimmertisch, markierte immer wieder Stellen mit einem gelben Textmarker. Der Hund hatte sich, wie meistens, wenn sie arbeitete, auf ihre Füße gelegt und schlief. Sie bemerkte meinen Blick.

»Wolltest du nicht packen?«

Ich nickte, trat zu ihr und gab ihr einen Kuss, bevor ich wieder in mein Zimmer ging, um Klamotten in den Koffer zu werfen.

Als ich wieder ins Wohnzimmer kam, lag sie auf dem Sofa und befühlte ihren Bauch.

»Alles o. k.?«

Sie nickte. Ich setzte mich zu ihr, legte eine Hand auf die leichte Wölbung.

»Sicher, dass du hierbleiben willst?«

Sie nickte.

»Ich will mit allem fertig sein, bis es so weit ist. Wie lange bleibst du?«

»Eine Woche, denke ich. Länger halte ich es da nicht aus.«

»Warum?«

Ich zuckte mit den Schultern.

Die Berge wurden immer steiler, je weiter ich nach Süden kam. Als das Fliegen noch zu teuer war, waren wir diese Strecke ein paarmal im Sommer mit dem Auto gefahren. Zwei Tage hatten wir in dem glühend heißen Wagen gesessen und im Auto übernachtet auf immer demselben Rasthof.

Nach zehn Stunden Fahrt erreichte ich ihn schließlich, alles sah noch aus wie früher, die niedrigen Gebäude, die Tankstelle. Ich stieg aus und lief zu dem Fluss, der direkt hinter den Parkplätzen vorbeifloss. Nur ein schmales, felsiges Ufer trennte ihn von den Picknickplätzen, den parkenden Autos. Ich hielt meine Hand in das schnell dahinfließende Wasser, es war eiskalt.

Als kleiner Junge hatte ich meine Hände immer so lange in den Fluss gehalten, bis sie ganz taub geworden waren, war dann leise an meine Mutter herangeschlichen, hatte ihr blitzschnell meine Hände von hinten um den Hals gelegt. Und mich jedes Mal wie verrückt gefreut, wenn sie sich erschreckt hatte.

In Kroatien waren wir immer kurz von unserer eigentlichen Strecke abgewichen, meine Mutter hatte darauf bestanden, das Meer zu sehen. Sie war dann sofort ins Wasser gewatet, hatte minutenlang still in den flachen Wellen gestanden und in die Ferne gestarrt. Ich hatte mich nie getraut, sie dabei zu stören.

»Im letzten Leben war sie eine Meerjungfrau«, hatte mein Vater einmal lachend gesagt, während wir am Ufer auf sie gewartet hatten.

An der Grenze zu Bosnien reihten sich die Autos in langen Schlangen aneinander. Ich schaltete den Motor aus, begann einen zu bauen mit dem letzten Grasrest aus meiner Hosentasche. Während ich rauchend an der Motorhaube lehnte, piepte mein Handy.

»Ich liebe dich! D.«

Der Wagen hinter mir hupte, weil sich die Schlange vor mir weiterbewegte.

Als die Grenzstation in Sichtweite kam, warf ich den halb gerauchten Joint aus dem Fenster, wedelte den Grasgestank nach draußen. Ein junger Grenzpolizist patrouillierte an den vordersten Autos der Schlange entlang, ließ sich von den Insassen ihre Papiere geben, verschwand damit in einem kleinen Häuschen. Nach ein paar Minuten kam er mit den Papieren zurück, öffnete per Knopfdruck eine Schranke, die den Weg zur bosnischen Seite freigab.

Schließlich kam er zu mir, nahm meinen Reisepass, bevor er wieder in seinem Häuschen verschwand. Nach ein paar Minuten kam er zusammen mit drei Kollegen auf mich zu. Alle hatten ihre Hände an den Pistolen am Koppel, sie stellten sich breitbeinig um mein Auto herum.

»Steig bitte langsam aus, deine Hände hinter den Kopf«, bat mich der junge Grenzer auf Kroatisch und öffnete die Autotür.

Seine Stimme klang sanft, fast freundlich.

»Gibt es ein Problem?«, fragte ich.

Langsam wiederholte er seinen Befehl.
Ich nahm die Hände hinter den Kopf, drehte mich auf dem Sitz zu ihm, setzte die Füße auf den Asphalt und stand langsam auf.

Etwas Licht war immer. Matt drang es vom Hof durch das schmutzige Fenster, warf ein helles Viereck auf den einzigen Tisch im Raum. Auf ihm lagen das Papier, die Umschläge und Briefmarken, die Sascha mir geschickt hatte.

»Du musst schreiben, sonst gehst du drauf!«

Hatte er gesagt, der noch nie richtig im Knast gesessen hatte. Er, an den sich die Zeugen dann doch nicht mehr genau erinnern konnten. Er, der einfach mehr Glück gehabt hatte. Schon zum zweiten Mal.

Irgendwo ein leises Schaben. Die Wände waren dick, trotzdem hörte man Geräusche aus den Nachbarzellen, selbst von weiter weg.

»Stahlbeton«, hatte mir ein Kollege aus der Gärtnerei erklärt. »Leitet den Schall über drei, vier Stockwerke.«

Im Liegen drehte ich mir eine Zigarette, zündete sie an und schaute dabei zu, wie der Rauch langsam durchs gekippte Fenster hinauskroch.

Auf dem Flur Schritte, ein Schlüssel klackte im Schloss, Stille. Meine Augen brannten vor Müdigkeit, doch die Gedanken in meinem Kopf rasten. Ich stand auf, ging zum Foto des Kindes, das ich an die Wand gehängt hat-

te, musste im Halbdunkel ganz nah mit dem Gesicht herangehen, um die Locken zu erkennen, die großen Augen.
In der Gärtnerei hatten wir die letzten beiden Tage Inventur gemacht. Das Saatgut, die Töpfe, die Säcke mit Erde und den Dünger gezählt.
»Erfassen, was noch da ist«, hatte der Chef gemeint. »Man vergisst schnell, was man noch hat.«
Die Anzahl der Spaten, Schaufeln, Pflanzstäbe und Spitzhacken hingegen vergaßen wir nie. Jeden Tag wurde nach Arbeitsschluss kontrolliert, ob alles da war. Erst dann wurden wir zurückgebracht.
Irgendwo ein Schrei, ein dumpfes Geräusch, Stille.
Ich drückte den letzten Rest der Zigarette in den Aschenbecher. Wieder hatte ich ohne Filter gedreht, wieder hatte es mir nicht geschmeckt. Den Tisch rückte ich noch etwas mehr ins Licht, setzte mich auf den Stuhl. Dann griff ich mir das erste Blatt und fing an.

Du wirst diesen Brief nie bekommen, Fabio. Warum ich ihn dir trotzdem schreibe, weiß ich nicht. Vielleicht, weil ich mich hier wieder an vieles erinnere und es sonst niemandem erzählen kann. Es sind keine wichtigen Dinge, die mir einfallen, weißt du. Nur irgendwelche Geschichten von früher, als wir noch kleine Pisser waren.
Einmal hatte ich mir zum Beispiel mal wieder eine Zecke eingefangen. Wahrscheinlich an der Stelle unten am Fluss, wo wir im Sommer immer badeten. Sie saß hinten in der Falte zwischen Arsch und Oberschenkel, und ich kam mit der Pinzette nicht richtig ran. Es war keiner zu Hause, mein Vater noch auf der Arbeit, meine Mutter mal wieder im Krankenhaus.
Ich schob Panik, weil mein Vater mir doch ständig predigte, dass Zecken Borreliose und Hirnhautentzündungen übertragen würden, wenn man sie nicht sofort rauszog. Auch dir hat er mal eine Standpauke deswegen gehalten, weil wir beide immer schon in Badehosen durchs hohe Gras auf den Uferwiesen liefen.
Du bist gleich nach dem ersten Klingeln rangegangen damals, selbst sogar, was selten vorkam. Um dich an den Hörer zu bekommen, musste ich meistens entweder deine taube Großmutter anbrüllen oder eine deiner Schwestern, die mich immer verarschten. Du hast gelacht, als ich dir von der Zecke erzählte, ich bin dann gleich losgefahren.
Den Weg zu eurem alten Haus habe ich immer gemocht. Mit dem Fahrrad am Bahnhof vorbei, kurz durch den Ort, dann am Friedhof die schmale Teerstraße in die Felder hinein, immer an den Schienen entlang. Dann der Schrebergarten von meinem Vater. Weißt du noch die fetten Kirschen? Die Erdbeeren? Aber

damals war er schon komplett überwuchert, überall Unkraut. Wir kamen kaum noch dorthin, seit meine Mutter krank war.
Ich fuhr weiter über die Straße, die jetzt immer schlechter wurde. Schon von Weitem konnte ich euer Haus sehen. Auf dem Stück Land zwischen ihm und den Schienen standen eure Pferde, dazwischen flatterten Hühner herum.
Von der Straße aus sah ich, dass in deinem Zimmer bereits Licht brannte, obwohl es draußen eigentlich noch hell genug war.
Bevor ich euer Grundstück betrat, hielt ich nach euren Katzen Ausschau. Du hast mich immer dafür ausgelacht, dass ich Angst vor ihnen hatte, aber dir sind sie auch nie von hinten in den Rücken gesprungen. Das machten sie nur bei Besuchern.
»Lebst du noch?«, hast du mich grinsend gefragt, als ich mich neben dich auf das Sofa setzte. Du hast irgendein Ballerspiel auf der Playstation gezockt, vor dir standen, wie fast immer, ein Glas Cola, eine Tüte Chips und ein leerer Pizzakarton. Deine kleine Schwester hatte sich an dich gekuschelt, doch in der nächsten Spielpause schobst du sie grob zur Seite, weshalb sie zu schreien begann. Deine Mutter öffnete die Tür, schaute herein.
»Hab dich gar nicht reinkommen gehört!«, meinte sie lächelnd.
»Hab versucht, leise zu sein, dachte, Sie schlafen vielleicht schon.«
»Das ist aber lieb«, sagte sie und strich mir flüchtig mit einer Hand über den Kopf, nahm das Kind auf den Arm.
»Ist die Tür wirklich zu?«, fragte ich, als wir im Bad standen.
Ich hatte meine Hose runtergelassen, die Boxershorts hinten so hochgezogen, dass du die Zecke sehen konntest.

»Jaha!« Du klangst genervt.
Schon dein erster Versuch saß, du hieltest mir das kleine schwarze Ding hin, das von der Pinzette schon halb zerquetscht worden war. Du hast es in ein Stück Klopapier gewickelt, es mit einem Streichholz angezündet und ins Waschbecken fallen lassen.
»Macht das keine schwarzen Flecken?«
»Macht eh meine Mutter weg.«
Als wir wieder in dein Zimmer kamen, saß deine ältere Schwester auf dem Sofa, schaute irgendwas im Fernsehen.
»Geh in dein Zimmer!«, hattest du gezischt, doch sie hatte nur mit den Schultern gezuckt.
»Fernseher kaputt, Fabiochen, beruhig dich!«
Sie war stärker als du, weshalb du nur kurz genervt deine Augen verdreht hast. Sie saß zwischen uns, und nachdem du eingeschlafen bist, ist sie näher an mich herangerückt, hat ihr Bein gegen meines gepresst.
»Soll ich dir was zeigen?«, fragte sie nach ein paar Minuten, nahm mich dann an der Hand, führte mich nach draußen.
»Spinnst du?«, sagte ich, als sie sich hinter das Lenkrad eures Autos setzte.
»Brüll nicht rum, ich kann fahren. Übe schon seit zwei Wochen mit Papa.«
Die ersten Meter fuhr sie ohne Licht, erst als wir um die Kurve gebogen waren, man euer Haus nicht mehr sehen konnte, schaltete sie es ein. Sie fuhr über den Radweg runter zum Fluss, dann rechts in einen Feldweg, parkte bei den Bootsstegen der Angler. Sie nahm mich wieder an der Hand, zusammen betraten

wir einen der Stege, gingen durch die Dunkelheit bis an dessen Ende.
»Willst du mal was Ekliges sehen?«
Ich nickte. Sie ging in die Knie, griff ins Wasser und zog eine Reuse auf den Steg.
»Bah!«, entfuhr es mir, als sie mir den Aal entgegenstreckte, der sich zwischen ihren Händen panisch hin und her wand.
»Ist fast jeden Abend einer drin.«
»Wusste gar nicht, dass du angelst.«
»Mach ich auch nicht, du Depp. Ist von meinem Onkel.« Sie ließ den Fisch wieder in die Reuse zurückgleiten, versenkte sie im Wasser. Danach machte sie einen Schritt auf mich zu, blieb dicht vor mir stehen, sah mir in die Augen.
»Stimmt es, dass du Romina gefingert hast, bis sie gekommen ist?«
Ich wurde rot, hoffte, dass sie es im Dunkeln nicht sah.
»Wer hat dir das erzählt?«
»Weiß jeder. Stimmt es?« Wieder spürte ich ihren Blick.
»Keine Ahnung, war besoffen.«
Ihr Fußtritt war nicht besonders fest, der Schmerz in meinem Bein trotzdem brennend.
»Verarsch mich nicht. Du bist nie so betrunken.«
»Kann schon sein, dass es stimmt«, sagte ich nach einer Kunstpause und versuchte dabei, abgeklärt zu klingen.
»Woher weißt du, wie das geht?«
»Was geht?«
»Wie man das macht, dass eine kommt.«
»Keine Ahnung, vielleicht mal in 'nem Film gesehen oder so.«

Sie lachte. »In 'nem Porno, meinst du.«
Wir gingen langsam zum Auto zurück. Als wir wieder auf unseren Plätzen saßen, beugte sie sich über mich, drückte ihre Zunge durch meine leicht geöffneten Lippen, wälzte sie in meinem Mund herum. Nachdem der Kuss vorbei war, nahm sie meine Hand, führte sie unter den Bund ihrer Jogginghose.
Auf der Rückfahrt sprachen wir kein Wort, nur einmal hat sie mich angelächelt. Als wir zum Haus gingen, warnte sie mich vor dem Kater, der hinter einem Baum lauerte, verscheuchte ihn mit einem Stein. Du hast in deinem Zimmer gesessen und FIFA gezockt. Du hast mich nicht gefragt, wo ich war, und nicht wie sonst versucht, mich aufzuhalten, als ich ging.
Ich weiß noch genau, wie ich auf dem Rückweg den Fahrtwind genoss, der die Schweißflecken unter meinen Armen kühlte. In der Kurve beim Friedhof hörte ich, wie sich von hinten ein Zug näherte, und stellte mir vor, wie er entgleisen, oben von den Schienen herunterfallen und mich unter sich zerquetschen würde.
Ein paar Tage später bist du mit deiner Familie nach Italien gefahren, du hast mir keine Postkarte geschrieben wie in den Jahren zuvor, nicht angerufen, als ihr zurück wart.
Erst viel später, nachdem sich deine Eltern getrennt hatten, du mit deiner Mutter und deiner kleinen Schwester in das kleine Haus im Ort gezogen warst, haben wir wieder begonnen, uns zu treffen.
Deine große Schwester hast du mir gegenüber nie mehr erwähnt, und ich habe dich auch nicht nach ihr gefragt. Was

aus ihr geworden ist, würde ich jetzt gerne fragen. Und ob dein Vater noch in dem Haus zwischen den Feldern wohnt. Doch ich werde das hier nie abschicken. Weil du mir nicht antworten kannst.

Das Schreiben wurde zur Routine. Jede Nacht, nachdem die Deckenbeleuchtung ausgeschaltet worden war, rückte ich den Tisch ans Fenster. Auch jetzt saß ich dort, starrte auf die leere Seite vor mir, während flackerndes Blaulicht alles um mich herum erhellte.

Vor ein paar Minuten war der Krankenwagen auf den Hof gerollt. Vielleicht holten sie meinen Kollegen aus der Gärtnerei, der seit Wochen über einen stechenden Schmerz in der Brust klagte. Unser Anstaltsarzt hatte ihm bisher nicht geglaubt, ihn nicht zur Untersuchung ins Krankenhaus bringen lassen. Einmal war der Kollege schon umgekippt. Ohnmächtig hatte ich ihn zwischen den Kürbissen gefunden, zwischen seinen Beinen ein nasser Fleck.

Ich legte den Stift wieder weg, griff noch einmal nach dem Brief von Ariano, zog das Foto zwischen den Seiten hervor. Mit beiden Händen hielt er einen großen Fisch umklammert, blinzelte ins Gegenlicht. In den letzten Jahren hatte ich immer weniger an ihn gedacht, ihn fast vergessen.

»Sie sind ein Verdränger«, hatte mein Therapeut zu mir gesagt. »Ein meisterhafter Verdränger.«

Nach der Haarfarbe meiner Mutter hatte er mich davor gefragt. Sie war mir einfach nicht mehr eingefallen.
Draußen brüllten sich ein paar Jungs etwas über ihre Fenster zu. Wahrscheinlich nutzten sie das Chaos, um sich Hasch, oder Shore zuzupendeln.
Ich selbst kiffte schon seit ein paar Wochen nicht mehr. Sogar mit dem Rauchen hatte ich aufgehört. Warum, wusste ich nicht.

Ich hätte nie gedacht, dass du mir schreibst. Auch nicht, dass du in Italien wieder mit dem Angeln angefangen hast. Ich hoffe, du bist besser geworden. Früher hast du fast nie etwas gefangen, und mir ist jeden Winter der Arsch abgefroren, während wir auf den Klappstühlen darauf warteten, dass endlich einer anbiss.
Im Sommer war ich mit Sascha schon einmal zu der kleinen Insel im Seitenarm vorgegangen. Wir hatten Feuer gemacht, und die Wasserpolizei ist gekommen, hat uns fast erwischt.
In den Sand haben wir uns gepresst, um nicht von ihrem Suchscheinwerfer entdeckt zu werden.
»Sandpeeling, oder was?«, meintest du grinsend, als du später kamst, mir ein paar Sandkörner von der Backe gewischt hast.
Du hattest deine Reisetasche mit dem ganzen Angelzeug dabei, und wir haben zusammen alles aufgebaut. Nachdem wir die Ruten ausgeworfen hatten, hast du eine Flasche aus der Hosentasche gezogen, den ersten Schluck genommen, sie dann mir hingehalten. Ich habe an ihr gerochen, musste schon vom Geruch fast kotzen, Jägermeister, und gab sie an Sascha weiter.
Auf dem Wasser waren die Containerschiffe geräuschlos vorübergeglitten, ab und zu war zwischen ihnen ein Sportboot vorbeigedröhnt. Vom anderen Ufer wehten Musik und Gelächter von irgendeinem Fest herüber.
Sascha hatte ein paar Bierdosen ins Wasser gestellt, ich war durstig und holte mir eine, obwohl ich Bier fast genauso wenig mochte wie Jägermeister. Du hast deine Digitalkamera aus der Hosentasche gezogen, sie mir hingehalten.
»Sind von grade. Ganz frisch!«

Als Erstes habe ich mir die Fotos angesehen. Auf dem ersten trug Gina einen rosafarbenen BH, war nicht, wie sonst, von Anfang an nackt. Ich überflog den Rest, wechselte dann zu den Videos. Bis ich dir das Fotostativ meines Vaters geliehen hatte, waren sie totaler Schrott gewesen. Man hatte nur Gewackel, Pixel und ab und zu einen Schwanz oder eine Muschi gesehen. Seitdem du das Stativ hattest, hast du euch von der Seite gefilmt, wodurch ich Ginas Körper und vor allem ihr Gesicht besser sehen konnte.

»Na, haste schon einen stehen?«, meintest du, schlugst mir leicht auf die Schulter.

»Geht.«

Ich gab die Kamera an Sascha weiter.

»Geht eigentlich was mit dir und dieser Blonden?«, hast du mich gefragt. »Dieser Neuen.«

»Warum?«

»Wie die dich immer anschaut, raffst du das nicht? Willst du nicht auch mal ficken?« Du hast gelacht, noch einen Schluck vom Jägermeister genommen.

»Da ist einer!«, hatte Sascha plötzlich gerufen, auf eines der Knicklichter gezeigt, das hektisch hin und her zuckte.

Er lief schnell zu der Angel, holte die Schnur nach und nach ein. Als der Fisch draußen war, hielt er ihn mit beiden Händen fest, während du ihn vorsichtig vom Haken geholt, dann in einen Eimer mit Wasser geworfen hast. Ich schaute auf die Uhr, suchte schnell meine Sachen zusammen.

»Was ist denn mit dir los?«, hast du mich gefragt.

»Muss los.«

»Sag deinem Vater einfach, dass du bei mir pennst.«
Ich schüttelte den Kopf. »Geht heute nicht.«
»Warum?«
»Ist halt so.«

Mein Vater hatte auf dem Sofa im Wohnzimmer gesessen, ferngesehen.
»Hat Mama noch Schmerzen?«, hatte ich gefragt. Er hatte genickt, bat mich, mich kurz zu ihm zu setzen.
»Morgen früh fahre ich sie ins Krankenhaus. Aber mach dir keine Sorgen, wahrscheinlich ist es nichts. Sie war ja erst bei der Vorsorge.«
Nachdem ich meine Zimmertür abgeschlossen und die Rollläden heruntergelassen hatte, habe ich mich aufs Bett gesetzt und meine Shorts ausgezogen. Während ich mir einen zu wichsen begann, dachte ich an Gina. Ihre geschlossenen Augen, ihre roten Wangen, ihren halb geöffneten Mund. Einmal sah sie mich kurz an und lächelte. Ich habe mich oft gefragt, ob du verstanden hattest, wie schön sie war.
Am nächsten Morgen wurde ich von der Klingel geweckt. Erst blieb ich liegen, hoffte, dass meine Eltern noch da waren und aufmachen würden, doch ich hörte keine Schritte, keine Stimmen in der Wohnung. Als ich in den Flur kam, hämmertest du mit der Faust gegen die Tür.
»Ich bin's. Ariano. Mach mal auf jetzt!«
Du hast nach Alkohol und Schweiß gerochen, in deinen roten Haaren hing weißer Sand. Anscheinend hattet ihr die Nacht am Fluss durchgemacht.

»Alles klar?«
Ich nickte.
»Kann ich hier kurz chillen? Und duschen?«
»Schlüssel vergessen?«
Du hast genickt, dabei schief gegrinst. Wir haben im Wohnzimmer gesessen und ferngesehen, als das Telefon klingelte. Mein Vater war dran, seine Stimme leise und rau. Er bat mich, ins Krankenhaus zu kommen, so schnell wie möglich.
Ich habe dich nicht gebeten mitzukommen, dir auch nicht gesagt, worum es ging, doch du bist einfach neben mir her zum Bahnhof gelaufen, mit mir in den Zug gestiegen. Vorm Krankenhaus bist du stehen geblieben, hast mich gebeten, meine Eltern von dir zu grüßen. Vom Fenster des Krankenzimmers aus konnte ich dich noch eine Weile unten auf einer Parkbank sitzen sehen. Du hast ein paar Zigaretten geraucht, dabei den Frauen nachgeschaut. Irgendwann warst du verschwunden.
In den nächsten Tagen bist du immer wieder bei mir aufgetaucht, hast dich auf mein Bett gesetzt und mir neue Musik auf deinem Walkman gezeigt oder Geschichten von Sascha und Fabio erzählt.
Zur Beerdigung in Bosnien bist du als Einziger von meinen Freunden mitgekommen. Weil im Haus von meinem Onkel kein Platz mehr für dich war, haben wir im Garten ein Zelt aufgebaut. Nachts haben wir lange wach gelegen, irgendwelche Scheiße geredet. Tagsüber sind wir zu einer Bäckerei in der Nähe gelaufen, du hast dir Baklava gekauft und sie dir sofort gierig in den Mund gestopft.

Bei der Beerdigung hast du einen viel zu großen Anzug getragen, den einer meiner Cousins dir geliehen hatte. Obwohl du meine Mutter kaum gekannt hast, hast du einfach mitgeweint, als ich weinte. Dafür habe ich mich nie bedankt.

Ich lag auf der Matte, und meine Beine wurden schwer, die Stimme des Trainers kam von weit her. Mein Herz schlug immer langsamer, schließlich nahm ich nichts mehr wahr. Irgendwann ertönte eine Glocke, erst leise, dann immer lauter. Nach und nach kehrte ich in den Raum zurück, hörte das Schnarchen meines Nebenmannes. Sinken nannten sie diese Übung hier, wir machten sie zweimal in der Woche, nach der Arbeit.

Nachts schreckte ich ständig aus dem Schlaf hoch, starrte auf die Uhr an der Wand. Schließlich gab ich das Schlafen ganz auf, nahm ein Buch aus der schon gepackten Tasche, setzte mich so ans Fenster, dass die Scheinwerfer vom Hof genug Licht auf die Seiten warfen.

Draußen war es kalt, ich zog den Kragen meiner dünnen Jacke höher. Saschas Mercedes stand mit laufendem Motor auf dem Parkplatz; als er mich sah, kam er mit ausgebreiteten Armen auf mich zu. Sein Gesicht war blass, er sah müde aus.
Auf der Fahrt redeten wir nicht viel. Sascha gähnte immer wieder.

»Hatten eine Firmenfeier gestern. Ist spät geworden.« Nachdem ihm die Augen mehrmals zugefallen waren, fuhr er rechts ran und bat mich, zu übernehmen. Nach wenigen Metern war er eingeschlafen, und ich saß allein mit meiner Panik hinter dem Steuer. Ich versuchte, an die Dinge zu denken, die ich in meiner Therapie gelernt hatte, versuchte, mich auf meinen Atem zu konzentrieren, doch je näher wir unserem Dorf kamen, desto stärker stieg Übelkeit in mir hoch.

Ich lenkte den Wagen über die Brücke an den Rhein, stellte ihn vor der Betonrampe ab, ging zum Wasser hinab. Ein paar Enten schwammen heran und entfernten sich wieder, als ich ihnen meine leeren Hände zeigte. Der Fahrradweg direkt am Ufer entlang war vereist, ich schlitterte mit meinen Turnschuhen darüber, rutschte aus, fing mich wieder. In den Parkbuchten des Industriegebiets standen wie immer Dutzende Lkw, manche mit zugezogenen Gardinen. Die Männer, die nicht schliefen, hatten sich um einen Klapptisch versammelt, spielten irgendein Kartenspiel.

Ich kam an die Gleise, bog nach links ab zu meinem Haus. Eine Mauer lief direkt an der Straße entlang, hinter ihr stapelten sich Container. Wo früher der Eingang zum Hof gewesen war, stand jetzt ein Eisentor. Schienen gingen von der Zugtrasse oben ab, führten unter dem Tor hindurch bis zu den Lagerhallen hinten bei der Fabrik.

Ich suchte nach irgendetwas, was darauf hindeutete,

dass hier einmal ein Haus gestanden, Menschen gelebt hatten, doch ich fand nichts. Hinter mir hupte es, dann hörte ich Saschas Stimme.

»Na, wie gefällt's dir?«, fragte er, während er mich durch die Wohnung führte.
Sie war groß, hell, durch die Fenster sah man auf den Ort hinunter, gegenüber lagen die grauen Berge des Taunus.
»Gut.«
Sascha klopfte mir zufrieden auf die Schulter.
»Hat Dana ausgesucht. Ist jetzt eure.«
»Danke«, murmelte ich, doch er winkte ab.
»Ich müsste dir danken, Mann.«
Als er gegangen war, saß ich auf dem Sofa. Die meisten Möbel waren aus der alten Wohnung meines Vaters, nur weniges neu.
Kindergeschrei weckte mich, und ich brauchte kurz, um mich zu orientieren. Als ich den Schlüssel im Schloss hörte, war die Panik zurück, ich wollte aufstehen, doch meine Beine gehorchten mir nicht.
Danas Stimme im Flur, dann Schritte, die Tür zum Wohnzimmer wurde einen Spaltbreit geöffnet, die Locken des Kindes tauchten auf, dann das Gesicht. Es schaute mich aus großen Augen an, kam langsam näher, immer mit dem Rücken zur Wand. Schließlich blieb es stehen, starrte mich mit offenem Mund an. Dana kam herein, gab mir zur Begrüßung, wie bei ihren

Besuchen, einen kurzen, festen Kuss, ging dann in die Küche. Das Kind beobachtete mich noch eine Weile mit ausdruckslosem Gesicht, lief ihr dann hinterher.
Ich schlief auf dem Sofa. Für den Anfang, hatte Dana gesagt. Immer wieder schreckte ich nachts von den Schreien des Kindes aus dem Schlafzimmer hoch, lag mit rasendem Herzen wach. Ich konzentrierte mich auf meine Atmung, versuchte zu sinken, doch es wollte nicht funktionieren. Irgendwann schlief ich trotzdem wieder ein.
Beim Frühstück starrte mich das Kind schon seltener an. Nur manchmal vergaß es das Brot in seiner Hand, musterte meine Hände, mein Gesicht. Als es aufgegessen hatte, holte es sein Spielzeug, lehnte sich vorsichtig an mein Bein und brabbelte vor sich hin. Als ich meine Hand auf seine Schulter legte, schaute es mich kurz erschrocken an.

Um zwölf Uhr schloss ich die Tür des Restaurants von innen auf, draußen warteten schon ein paar Gäste, die sich schnell an mir vorbei ins Warme drückten. Bereits am Morgen war ich mit Sascha auf dem Großmarkt gewesen, hatte danach mit Sara zusammen die Tische eingedeckt. Jetzt lief sie mit schnellen Schritten herum, nahm die Bestellungen auf, während ich Apfelschorle, Wasser und Cola in Gläser goss, sie auf die Theke stellte. Sascha begrüßte ein paar Stammgäste, kam dann zu mir.

»Alles klar?«
Ich nickte, und er verschwand wieder in seinem Büro.
Die Arbeit war nicht schwer, und selbst als alle Tische besetzt waren, blieb ich ruhig, erledigte eins nach dem anderen. Nachdem alle gegessen hatten, kamen Saschas Onkel und seine Gehilfen aus der Küche, setzten sich zu mir an die Bar und tranken Kaffee. Kaum waren die letzten Mittagsgäste gegangen, schloss ich die Tür ab, zog die Vorhänge zu.
»Soll ich dich wohin fahren?«, fragte Sascha.
Ich schüttelte den Kopf.
Zusammen gingen wir zu den Autos, Sascha hatte einen Arm um Sara gelegt, ich stieg in Danas Kombi.

Auf dem Parkplatz der Kindertagesstätte wieder Panik. Wie gelähmt saß ich da, konnte nicht mehr denken, nichts tun, nach ein paar Minuten war es vorbei.
»Komm!«, sagte ich zu dem Kind. »Komm, Mama muss länger arbeiten.«
Doch es schob einfach weiter den kleinen Lastwagen über den Teppich.
»Ronja«, sagte ich und kam mir dabei seltsam vor, »wir müssen los!«
Eine der Kindergärtnerinnen kam zu mir.
»Einfach auf den Arm nehmen und raustragen. Macht nix, wenn sie schreit.«
Sie blieb neben mir stehen, abwartend. Das Kind hatte Angst, ich hatte Angst, doch ich griff trotzdem nach

ihm, zog es in meine Arme. Sein Körper war ganz starr, blieb es, bis ich es draußen in den Kindersitz sinken ließ. Auf der Fahrt beobachtete ich es manchmal durch den Rückspiegel. Immer wieder fielen ihm die Augen zu, doch es riss sie jedes Mal nach wenigen Sekunden wieder auf, schaute sich um, als ob es nicht mehr wüsste, wo es war.

Ich stand in der Küche und kochte, als Dana nach Hause kam. Ronja saß auf meinen Füßen und spielte mit ihrer Puppe. Dana beugte sich zu ihr herunter, drückte ihr einen Kuss auf die Wange. Dann umarmte sie mich von hinten, nicht lange, aber fest.

Der Weg zum Rhein war geteert worden, die Reifen des Rollstuhls glitten beinahe geräuschlos über ihn hinweg. Fabio drehte sich immer wieder mühsam zu mir um, schaute mich aus zusammengekniffenen Augen an. Seine Schläfen waren ein bisschen grau geworden, sein Gesicht faltiger als früher, blasser.

»Er vermisst dich«, hatte seine Mutter in einem Brief geschrieben, »das spüre ich genau.«

Am Ufer setzten wir uns unter unseren Baum, schauten auf den Fluss.Fabios Mutter hatte mir auch von seiner Lungenentzündung erzählt, dass sie ihn mit dem Hubschrauber ins Krankenhaus geflogen hatten. Mal wieder war er fast gestorben und hatte überlebt.

Ich beobachtete, wie seine Augenlider langsam nach unten sanken, sein Atem immer regelmäßiger wurde.

Auch mich befiel plötzlich eine bleierne Müdigkeit. Als ich wieder aufwachte, schaute Fabio mich mit einem breiten Grinsen auf den Lippen an.
»Freust du dich jetzt doch, mich zu sehen?«, fragte ich, da hatte er sich schon wieder weggedreht und starrte ins Nichts.
Nachdem ich Fabio im Heim in seinen Sessel gesetzt hatte, blieb ich noch kurz. Der Katzenmensch schlich wie immer auf allen vieren durch den Gruppenraum, kletterte schließlich auf den Platz neben mir, legte seinen Kopf in meinen Schoß.
»Ist das o. k. für Sie?«, rief eine Pflegerin, die ich noch nie gesehen hatte.
»Ja«, sagte ich, »das ist o. k. Wir kennen uns.«

Ein paar Wochen später hatte mir Sascha einen kleinen, leer stehenden Laden in der Altstadt gezeigt.
»Überleg, hier 'ne Zweigstelle aufzumachen. Falls was draus wird, will ich, dass du der Chef wirst. Dann hast du auch deinen eigenen Laden, musst nicht mehr dumm hinter der Bar rumstehen.«
»Ich mag die Bar«, hatte ich gesagt.
Er hatte gegrinst.
»Kannst du ja auch hier noch weitermachen, wenn dir langweilig ist.«

Am Nachmittag war wie immer um diese Zeit nicht allzu viel los. Hussein saß in der kleinen Abstellkammer, die wir als Büro nutzten, sortierte Rechnungen und andere Belege. Manchmal schüttelte er fassungslos den Kopf, manchmal lächelte er spöttisch.
Ich hatte ihn gebeten, sich um die Buchhaltung zu kümmern, nachdem mir alles über den Kopf gewachsen war. An den Wochenenden nahm er auch die Bestellungen auf und füllte die Getränke ab, sodass ich Zeit für Dana und Ronja hatte.
Bevor der abendliche Ansturm begann, saßen wir vorm Laden in den ersten Sonnenstrahlen des Frühlings.
»Dieser Dennis«, sagte Hussein, »ich hab ihn noch öfter gesehen. Mit seinen ganzen Freunden, Freundinnen.«
»Und?«
»Er hat irgendwann angefangen, mich zu grüßen.«
»Echt?«
»Ja, ich glaube, das war seine Art, Entschuldigung zu sagen.«
»Ist doch gut«, meinte ich, doch Hussein wich meinem Blick aus.
»Der Junge«, sagte er und atmete hörbar aus.
»Ja, was ist mit ihm?«
»Er hatte dir was getan, oder?«
Ich nickte.
»Etwas Schlimmes?«
Wieder nickte ich. Wieder atmete er aus.

»Das musste ich nur wissen.«

»O. k.«

»Und jetzt? Geht das so weiter hier, ja?«

Er deutete auf das Restaurant, die Straße, uns.

»Ich denke schon, ja.«

»Gut«, sagte Hussein, »hätte schlimmer kommen können. Viel schlimmer.«

Ronja spielte unten am Wasser mit einem Jungen. Immer wieder bauten sie einen Staudamm aus Sand, der bald von den Wellen durchbrochen, dann nach und nach fortgespült wurde. Ein Eisverkäufer drehte seine Runden, Ronja kam aufgeregt zu mir, erbettelte sich einen Euro. Dana wurde wach, blinzelte mit zusammengekniffenen Augen in die Sonne.
»War was?«
»Nur der Eismann«, sagte ich, und sie drehte sich wieder auf die Seite.
Als ich die beiden am frühen Abend im Hotel abgesetzt hatte, machte ich mich auf den Weg. Nach einer Stunde Fahrt sah ich am Horizont die Hoteltürme, die Ariano mir beschrieben hatte, und hielt auf sie zu.

Er saß am Rand der Ausgehmeile auf einem weißen Plastikstuhl, eine Zigarette im Mundwinkel, auf seinem Schoß lag ausgebreitet eine Zeitung mit rosafarbenen Seiten. Ich blieb, ohne dass er mich sah, ein paar Meter entfernt stehen. Seine Haare waren so rot wie früher, er wirkte etwas dicker als damals, sein Gesicht leicht aufgedunsen.

Erst als ich direkt neben ihm stand, bemerkte er mich, warf die Zeitung auf den Stuhl neben sich, stand auf und umarmte mich fest. Der Club hatte eigentlich noch geschlossen, doch Ariano bekam trotzdem zwei Bier in großen Plastikbechern.

»Ich leg hier später auf«, sagte er. »Brauchst du was zu kiffen? Der Barmann hat immer was am Start.«

Ich schüttelte den Kopf.

»Ich kiff nicht mehr.«

Ariano pfiff anerkennend durch die Zähne.

»Nicht schlecht, Mann, nicht schlecht. 'ne Auflage, oder was?«

»Nee, einfach so.«

»Wollen wir 'ne Runde drehen? Hab noch so 'ne Stunde Zeit.«

In der Fußgängerzone drückten wir uns an lärmenden Menschenmassen vorbei zum Eingang eines Parks, in dem es leerer war. Ein paar Jogger drehten ihre Runden, Jugendliche saßen auf Bänken und tranken Wodka, während Musik aus ihren Handyboxen schallte.

Je näher wir dem Meer kamen, desto dichter wurde das Grün, der Weg schmaler, bis er bald ganz aufhörte. Wir hielten an einem Felsen, der über das Wasser hinausragte, Ariano zog eine Zigarette aus der Brusttasche seines Hemdes, zündete sie an.

»Ist meine letzte.«

»Rauch eh nicht mehr.«

Wieder pfiff er durch die Zähne.

»Nicht schlecht, nicht schlecht. Siehst du den Strand da hinten?«

Ich folgte seinem ausgestreckten Finger und nickte.

»Da bin ich Rettungsschwimmer.«

Er bemerkte meinen skeptischen Blick und lachte zum ersten Mal.

»Ja, was soll ich machen? Meine Freundin will nicht, dass ich so viel auflege. Dann sehe ich das Kind kaum, meint sie. Außerdem hat sie Angst, dass ich rumficke.«

»Und fickst du rum?«

Er zuckt mit den Schultern.

»Eigentlich nicht.«

Am Hang unter uns raschelte es laut im Gebüsch, reflexartig griff ich nach einem Stein, doch Ariano legte seine Hand schnell auf meine.

»Die Afrikaner pennen hier. Verkaufen tagsüber am Strand Uhren, Sonnenbrillen und den ganzen Scheiß. Die machen nichts.«

Ich ließ den Stein los, schloss kurz die Augen und konzentrierte mich auf das Pochen meines Herzens, das nach und nach wieder langsamer wurde.

»Weißt du, wo die meisten Unfälle passieren?«, fragte Ariano nach einer Weile. Ohne meine Antwort abzuwarten, deutete er auf eine Bucht in der Nähe. »Da hinten. Und weißt du, warum?«

Ich schüttelte den Kopf.

»Es gibt dort einen Bootsverleih. Tretboote, ein paar Ruderboote. Auch so welche mit Elektromotor. Wenn die Leute sie ausleihen, sagen die Angestellten immer: ›Das Wasser hier ist flach. Springt nicht mit Kopfsprung vom Bott rein, das ist gefährlich.‹ Aber die Leute fahren dann zwanzig, dreißig Meter raus, denken sich, hier ist es tief genug, und machen einen geilen Köpper rein.«

»Und dann?«

»Na ja, die meisten werden zum Krüppel. Manche haben Glück.«

»Warum sagen die vom Verleih nicht, dass es auch weiter draußen noch flach ist?«

Ariano zog an seiner Kippe.

»Machen sie. Aber die Leute springen trotzdem. Weil sie jung und dumm sind. Genauso, wie Fabio jung und dumm war, wie wir jung und dumm waren.«

»Was weißt du denn über Fabio?«

Ich bemerkte erst hinterher, dass ich geschrien hatte. Ariano blieb still, schaute weiter auf das Meer.

»Hast schon recht«, meinte er schließlich. »Bin nicht mal gekommen, als ich das mit ihm gehört hab. Ich hab es aber überlegt, lange. Aber es ging nicht.«

Er tastete seine Hemdtasche nach einer weiteren Zigarette ab.

»War deine letzte.«

»Stimmt. Weißt du noch, als ihr mich zum Flughafen gebracht habt?«

Ich nickte.

»Als ihr da vor der Schleuse standet und ich dann weggegangen bin … Da dachte ich einfach, was ihr für Spasten seid. Im Flugzeug ist mir dann aufgefallen, dass ich selbst einer bin. Ich wollte aber keiner mehr sein.«

»Warum hast du mir dann geschrieben?«

»Weil wir trotzdem Freunde sind, Mann. Das kann man auch nicht mehr ändern.«

Ariano lachte kurz und sah mich dabei von der Seite an.

»Außerdem sind wir alle älter geworden.«

Er legte mir eine Hand auf die Schulter.

»Hast jetzt auch ein Kind, ja?«

Ich nickte.

»Macht einen erwachsener, oder?«

Wieder nickte ich. Ariano schaute auf die Uhr, stand dann langsam auf.

»Kommst du noch mal mit zum Club?«

»Ich hab im Knast oft von dir geträumt«, sagte ich, als wir wieder durch die Fußgängerzone gingen. »Du hattest immer dieses Gesicht von damals. Offenes Fleisch und Blut. Und dieses komische Grinsen. So verschoben.«

Ich war mir nicht sicher, ob Ariano mich verstanden hatte in dem Stimmengewirr um uns herum, doch nach ein paar Minuten klopfte er sich mit dem Zeigefinger gegen die Stirn.

»Ist immer noch die Titanplatte drin. Bleibt da für immer.«

Er klopfte weiter sein Gesicht ab.

»Da auch überall, alles Metall. Ich hab auch noch oft davon geträumt. Von dieser ganzen Scheiße.«

Wir waren bei dem Club angekommen, vor dem sich inzwischen eine kleine Schlange gebildet hatte. Einer der Türsteher bemerkte uns und schleuste uns an den Wartenden vorbei. Drinnen tanzten schon ein paar Leute zu einem Mix, ein Techniker winkte Ariano zu, deutete dann auf seine Uhr.

»Ich muss mich bisschen vorbereiten«, sagte er und ließ ein paar Getränkechips in meine Hand fallen. »Sehen wir uns später noch?«

»Vielleicht.«

Ariano umarmte mich.

»Schön, dass du hier bist, Mann!«

Dann verschwand er zwischen den Feiernden. Nach ein paar Sekunden stand er wieder vor mir.

»Träumst du immer noch davon?«

»Manchmal. Du?«

»Ja, auch. Es wird aber weniger, immer weniger.«

Er lächelte noch einmal, dann war er weg.

© Marcus Heep

Tobias Wilhelm, geboren 1988 in Wiesbaden und aufgewachsen im Rhein-Main-Gebiet, lebt in Berlin. Er studierte Drehbuch und Dramaturgie an der Filmuniversität Babelsberg und schreibt für Musikmagazine über Hip-Hop.